Books for High School Teacher

高校教師のための

学級経営
学習支援

チームSMASH 著

浅見和寿 編

学事出版

はじめに ‥

　「来年度から担任をお願いします」と分掌担当の教員や管理職から告げられたとき、「やったー！担任になれる」と思った教員ばかりではないと思います。「初めての担任で何をやったらよいかわからない」「教科指導の方が得意なんだけどなぁ」などと思った人もいるのではないでしょうか。本書は、そのような人に向けて執筆されたものです。本書をきっかけにして、今抱えている不安を払拭していただけたら、これほど嬉しいことはありません。

担任の一番の仕事は

　まず一緒にクラスを作っていく生徒たちの名前と顔を覚えましょう。これから一年間毎日顔を合わせる生徒たちです。良好な関係を築くためには、お互いのことをよく知っておく必要があります。円滑なコミュニケーションを取るためにも、まずはここを押さえておきましょう。

　担任になると、授業の他に、ホームルームがあったり、総合的な探究の時間があったりと業務が増えます。学校行事でクラス単位で動く場合なども担任が前に出ることでしょう。では、担任の一番の仕事とはなんでしょうか？　それは「クラスの生徒に心理的安全性が担保されている環境を提供し、生徒の成長をサポートする」ことだと考えます。担任は、授業以外の生徒の様子も見ることができるので、生徒の学習面だけではなく、生活面の変化にも気が付くことができます。その生活面の部分に重きをおくのです。生徒が毎日元気よく安心して登校できるようなサポートができることが望ましいですね。

担任のやりがい

　やりがいは人それぞれだと思いますが、私は「クラスが一丸となったとき」や「想いが伝わったとき」にやりがいを感じます。教員や生徒の本気の思いが全体に伝わり、クラスが団結したり、生徒や保護者から「先生が担任で良かっ

た」という言葉をいただいたりしたときです。担任業務を全力で進めていくと、その中でやりがいも見つかってくるものです。本書がそのサポートをできればと考えています。

チームSMASHとは何者か

本書は、チームSMASHが手がけたものになります。チームSMASHとは、全国で意欲的に活動している現役の高校教師で構成されているグループで、年齢、公立・私立、全日制・定時制の区別もなく構成されています。それ故、執筆内容もバラエティに富んでいて、執筆者である私自身も勉強になる内容になっています。多様な経験を持つ執筆者の知見を凝縮した一冊になっていますので、是非楽しんで読み進めてください。

本書の使い方

本書は、4月〜3月までに担任が行うことや気を付けるべきことなどを、時期別に分けて解説しているので、気になる時期（章）から読むことができます。また、「保護者対応が不安」「二者面談で何を話せばよいか」のように具体的に知りたいことがある人は、その項目だけ読んでもかまいません。各テーマのタイトルの近くには、含まれる情報の手がかりとして、「#」（ハッシュタグ）でキーワードも付けました。先生方の課題を解決するために作られた本であるので、さまざまな角度から読み進められるようにしてあります。忙しいときは、小見出しや下線を引いた文章を読むだけでも十分です。

学習指導要領や参考文献にも目を通して

本書の中には、学習指導要領を参考にした箇所や国の調査やすでに刊行されている書籍を引用している箇所もあります。この機会に、本書を手元に置きながら是非一度、学習指導要領「特別活動編」や「総合的な探究の時間編」に目を通してみてください。思わぬ発見につながるかもしれません。

　さあ、一緒に担任業務を楽しみながらやっていきましょう。

「高校教師のための学級経営・学習指導」

はじめに ………………………………………………………… 3

第1章 4月（年度初め）

年度初めは「商店街」をイメージする ………………………… 12
生徒を「見守る」というスタンスで …………………………… 13
新年度、気持ちを切り替える …………………………………… 14
名簿作りは必ず複数で行う ……………………………………… 15
掲示物準備は確実に行う ………………………………………… 16
生徒環境調査票を活用する ……………………………………… 17
生徒の名前をまず覚える ………………………………………… 18
学級びらき ………………………………………………………… 19
所信表明（1年間の抱負宣言）をする ………………………… 20
アイスブレイクは、前提を確認する …………………………… 21
自己紹介を工夫する ……………………………………………… 22
校則の理由を生徒と確認する …………………………………… 23
義務教育との違いを伝える ……………………………………… 24
学級日誌を活用する ……………………………………………… 25
初めての席替えは慎重に ………………………………………… 26
二者面談の前に、プリントを用意しておく …………………… 27
保護者との関わり方、4月 ……………………………………… 28
PTAクラス役員をお願いする …………………………………… 29
　Column① 担任が新年度にしておく準備と心構え ………… 30

第2章 5月～6月

- GW前後は「慣れ」に注意 …………………………………… 34
- 席替えでやってはいけないこと ……………………………… 35
- 年度最初の定期考査に向けて ………………………………… 36
- 「五月病」に注意 ……………………………………………… 37
- 学級日誌の見直し ……………………………………………… 38
- 二者面談で進路を一緒に考える ……………………………… 39
- 三者面談で情報を共有する …………………………………… 40
- 保護者との関わり方、5～6月 ……………………………… 41
- 定期考査の振り返りで見るべきポイント …………………… 42
- 模擬試験の活用方法 …………………………………………… 43
- 生徒主体の学校行事を支援する ……………………………… 44
- 〈3年生〉5月に公務員募集要項を確認する ……………… 45
- Column② 日直・当番・係・委員会のルールと回し方から教室環境整備、HR目標作りまで ……………………… 46

第3章 7月～8月（長期休業前）

- 夏休みを前にして ……………………………………………… 50
- 模擬試験後の二者面談 ………………………………………… 51
- 保護者会・三者面談に向けて ………………………………… 52
- 文理選択はしっかりと意向を確認する ……………………… 53
- 転学を希望する生徒への支援 ………………………………… 54
- トラブルが起きたときの保護者への連絡 …………………… 55
- インターンシップ先を探す …………………………………… 56
- 事業所に行く場合の注意事項 ………………………………… 57

長期休業中の連絡先を把握し共有する……………………58
夏期講習の開催………………………………………………59
勉強合宿の開催………………………………………………60
〈3年生〉新規高卒者の求人票が公開される………………61
〈3年生〉公務員への応募指導………………………………62
〈3年生〉就職希望者に職場見学を促す……………………63
〈3年生〉調査書作成の準備を始める………………………64
　Column③ 保護者に連絡する場合のポイント……………65

第4章 8月〜9月（長期休業〜明け）

夏休みにしておくべきこと…………………………………68
模擬試験の振り返り（進学）………………………………69
自己分析と職業理解…………………………………………70
夏休みはオープンキャンパスへ（進学）…………………71
夏休み中に保護者と面談をする場合………………………72
夏休み明けに配慮すべきこと………………………………73
文化祭の意味…………………………………………………74
文化祭に向けた企画立案……………………………………75
面接の練習は日頃から………………………………………76
〈3年生〉小論文指導まずはここから（進学）……………77
〈3年生〉総合型選抜に向けての準備（進学）……………78
〈3年生〉推薦文作成の準備（進学）………………………79
〈3年生〉大学入学共通テスト出願の準備（進学）………80
〈3年生〉就職応募前の二者面談（就職）…………………81
〈3年生〉就職応募前の職場見学（就職）…………………82

〈3年生〉履歴書作成のサポート（就職）…………………83

〈3年生〉公務員試験対策（就職）…………………84

〈3年生〉調査書の最終版の作成…………………85

Column④ LHRと総合的な探究の時間の進め方…………………86

第5章 **9月〜12月（行事が多い時期）**

行事を通して生徒と共に成長する…………………90

修学旅行に向けた準備…………………91

転学・退学の手続き…………………92

冬休み中の過ごし方…………………93

小論文指導のコツ（進学）…………………94

〈3年生〉志望校検討会は何をするか（進学）…………………95

〈3年生〉年内入試に向けた指導（進学）…………………96

〈3年生〉面接練習のポイント（進学・就職）…………………97

〈3年生〉面接指導は応募直後から始める（就職）…………………98

〈3年生〉公務員二次試験対策（就職）…………………99

Column⑤ 非対面のコミュニケーションにおける留意点…………………100

第6章 **1月〜3月（新学年に向けて）**

1年間を締めくくる3か月…………………102

冬期講習の実施…………………103

〈3年生〉共通テスト分析（進学）…………………104

〈3年生〉大学一般選抜の出願指導（進学）…………………105

〈3年生〉国公立大学の出願検討（進学）……………106

〈3年生〉就職内定者指導（就職）……………107

〈3年生〉就職未定者指導（就職）……………108

〈3年生〉卒業式に向けての準備……………109

〈3年生〉思い出を綴る文集・アルバム作り……………110

〈3年生〉家庭研修期間の過ごし方……………111

3年生による合格報告会……………112

保護者には最後まで誠実に対応する……………113

1年間の振り返りアンケートの実施……………114

指導要録のまとめ……………115

新年度のクラス編成……………116

第7章 年度末

年度末は節目の取り組みを……………118

学級通信最終号には何を書くか……………119

保護者との最後の面談……………120

PTAクラス役員へのお礼……………121

最後の教室の片付け……………122

次年度の計画を考える……………123

新年度に向けて気持ちを切り替える……………124

Column⑥ 教育実習生との関わり……………125

おわりに……………126

第 1 章

4月
（年度初め）

April
年度初めは「商店街」を イメージする

　4月。1年の内で一番、教員が神経を使う時期です。どのくらい事前準備をしたかで、この4月をどのように過ごせるかが大きく変わってきます。
　4月のスタートにおいては、**教員経験は関係ありません。どれだけ事前準備をしたかが全て**です。しっかり事前準備をしておければ、これから始まる多くの業務をスムーズに進めることができます。

✦｜個人商店ではなく「連携」を心がける

　では、4月を円滑に進めるためのポイントはどこにあるのでしょうか。所属する学年にもよりますが、大切なことは「連携」を心がけることです。私たち教員は専門的な教科指導や部活指導にはある程度の自信があります。しかし、クラス運営においては、ひとりだけの力ではどうすることもできません。
　いわゆる「個人商店の店主」になるのではなく、横のつながりを持った「商店街の一員」ということを意識し、学年で足並みをそろえて取り組むことがとても重要です。

✦｜「商店街」をイメージしてスムーズな新年度に

　「個人商店」を全面に押し出してしまう担任ばかりの学年では、一つひとつの取り組みも十分に効果を発揮しにくくなります。個人商店が連なる「商店街」のイメージを学年団が意識することで、事前準備や年度当初の取り組みを共通認識として持ちながら、スムーズに新年度を始めることができます。

April

生徒を「見守る」というスタンスで

#生徒指導

第1章 4月（年度初め）

　4月は生徒たちにとって精神的に成長できる時期です。新しい環境で出会う仲間、先生との出会い、そしてこれまでお世話になった人たちとの別れ。こうした場面において、担任はどのようなスタンスで生徒たちと向き合えばよいのでしょうか。

✦ 日常場面での表情の変化に注意する

　期待と不安を胸に抱いて入学をしてきた1年生。中堅学年となり、高校生活を一層充実させたい2年生。将来を見据えたスタートとなる3年生。学年や場面によっても指導する内容が異なります。

　しかし、こうした節目の季節、時期だからこそ共通して大切にしたいことは、**生徒たちを見守ってあげる存在になること**です。生徒たちの多くは、昨年度までの自分や、周囲の人たちと比較しています。そして、いくつかの要因が重なると、登校することが難しくなることもあります。毎日のSHRや何気ない場面で生徒を観察し、**声のトーンや表情に変化がないかどうか注意**してみましょう。

✦ 学年で協力して向き合う時間を確保

　新年度のスタートは「この1年間でクラスをどのようにしていきたいか」というイメージを持つことから始めます。「この1年間は、充実した1年だった」と担任も生徒も感じられる1年とするには、生徒と真剣に向き合っていくことが大切です。

　新年度業務が多い時期で、限られた時間かもしれませんが、生徒たちの様子を見守り、観察することが求められます。これは担任ひとりの力ではできません。所属する学年が協力して助け合い、業務を共有するなどの工夫をして、できる限り生徒と向き合う時間を確保できるようにしましょう。

April　　　　　　　　　　　　　　　　　　　#生徒指導

新年度、気持ちを切り替える

　この時期は、気持ちの切り替えをするのにうってつけのときです。というのも、年度が替わり学年が変わったり、卒業・入学して新しい環境になったりするからです。多くの人が気持ちを新たにするところでしょう。生徒にも気持ちを切り替えてもらうために、教員には何ができるのでしょうか。

✦ | 自分で気持ちの切り替えができる生徒の場合

　「前年度自分の思い通りの勉強時間が取れなかったから、今年度は勉強時間をしっかり確保しよう」「生活習慣が乱れてしまったから、今年度は早寝早起きをしよう」のように、前年度の反省をして、新たな気持ちで頑張るという生徒も多いはずです。もちろんそういう生徒はそのまま新たな気持ちで頑張ってもらえば大丈夫です。

✦ | 「現状維持でいい」という生徒の場合

　「前年度は可もなく不可もなくだったし、今年度もそれでよい」と考える生徒の場合はどうでしょうか。このような生徒に対しては、担任として相談に乗ってあげる必要があります。**「現状維持でいい」という生徒は考えるのが億劫になっている場合がほとんど**です。「可もなく不可もなくって具体的にはどういうこと？」のように問いかけ、一緒に考えてあげるとよいでしょう。

✦ | 教員自身も目標を立てて可視化する

　さて、教員のほうはどうでしょうか。教員も生徒と同じです。前年度の反省をして、今年度の自分は何を目標にするのかしっかり考えます。ポイントは**具体的に考えることであり、頭の中だけでなく文字等にして可視化すること**です。そうすると、考えたことが目につき、継続しやすくなります。

April

#教務

名簿作りは必ず複数で行う

　クラス名簿を作るときには、いくつか注意すべきポイントがあります。一つずつ確認していきましょう。

✦ ｜特殊な読み方に注意する

　1番最初に気をつける点は、**特殊な読み方がないかどうか**の確認です。最近では、特殊な文字を使用したケースや、外国にルーツを持つ生徒が在籍している場合もあります。まれに、名簿に記載されている名前と、通常の呼び名が異なることもあるため、事前に提出された書類をもとに「読み方」を確認することが大事です。

✦ ｜生徒の情報に目を通しておく

　名簿を作成する上で必要な書類には、これまでの友人関係や学習状況といった生徒個人の情報も数多く記載されています。こうした書類に事前に目を通すことで、1年間のクラス運営に役立てることができます。

✦ ｜必ず、複数で名簿を確認する

　名簿を作成した後は必ず、**複数の教員で再度確認を行う**ようにしましょう。大切なクラスの生徒名です。この名前を間違って作成してしまうと、その後のさまざまな場面に大きく影響してきます。書類の確認、名簿の確認は必ず複数で行い、ミスが許されない業務の一つであることを認識しましょう。

　名簿を掲示する際には、**学年で文字の大きさや書式を統一しておく**ことが望ましいです。特に、1年生を担当する場合は、保護者も入学式で名簿を確認します。その際、文字の大きさや書式が統一されていることで、統一感のある学年、クラス、学校といった印象を与えることにつながります。

April

掲示物準備は確実に行う

　4月は生徒に配布する資料が特に多い時期です。加えて掲示する資料も数多くあります。掲示物の準備で大切なことは何でしょうか。

✦ | 全校で統一しているものは確実に

　学校にもよりますが、教室内の掲示物について、掲示する物や掲示方法を統一している場合もあります。学校全体として統一した掲示物がある場合には、確実に掲示しましょう。特に新入生の担任になった場合は貼り忘れのないように注意が必要です。

✦ | 重要な資料は声でも伝える

　それぞれの分掌から配布される掲示物の中には、年間を通じて活用する重要な資料も多くあります。**重要性の高い掲示物については、SHRなどの時間を活用してクラス全体への周知を必ず行います**。掲示すると同時に声でも伝える。この一手間によって、生徒に確実に伝わるようになります。

✦ | ユニバーサルなデザインを心がける

　また、担任が作成する掲示物については、クラスの生徒の状況を踏まえ、使用する文字の大きさや色についても配慮しましょう。生徒によっては、識別できない色があるかもしれないし、漢字が読めない生徒もいるかもしれません。こうした配慮すべき生徒の確認を年度当初に行い、掲示物の準備も時間をかけて行うことが大切です。

　掲示物の準備を念入りにすることで、1年間の学級経営が円滑になります。

April

生徒環境調査票を活用する

#教務

　在籍している生徒についての情報は、中学校からの内申書（調査書）や学年ごとの引き継ぎ書類でわかります。生徒の家族の状況について確認するときは、生徒環境調査票を参考にします。

✦ | 生徒環境調査票は重要書類

　生徒環境調査票には、必要最低限の情報がまとめられています。家族構成をはじめ、緊急時における連絡先など、調査書や引き継ぎ書類には記載されていない情報が含まれます。これらの情報については、**生徒の個人情報と同様に大変重要な内容になっているため、管理には十分気をつけましょう**。

✦ | 生徒の通学路を把握しておく

　生徒環境調査票を活用していく上で、重要な点があります。それは、自宅から学校までの通学手段の確認です。中学校までとは異なり、高校の通学範囲は広くなります。そのため、生徒たちの居住地を生徒環境調査票で確認し、**生徒の通学手段や通学ルートについて把握しておく**ことが大切です。

✦ | 家族の記録を加えておく

　生徒環境調査票には、学年ごとに記録する部分がある場合もあります。1年間の様子を見ていく中で、調書に記載できることがあれば記録に残していきましょう。その際、生徒だけでなく家族の情報も残すことが望ましいです。

　年度当初には、ぜひ生徒環境調査票に目を通し、生徒だけでなくその周りの状況についても知っておけるように心がけたいですね。

17

生徒の名前をまず覚える

　担任が決まったら、まずは、クラスの生徒の名前を覚えましょう。当たり前のことですが、生徒の名前を覚えていないと、呼ぶときに「おーい」とか「そこのメガネかけている子」というような呼び方になってしまいます。4月当初とはいえ、そんなふうに呼ばれた生徒は、あまりいい気持ちがしませんよね。できるだけ早く名前を覚えておきましょう。

✦ | 名簿を使って顔と名前を一緒に覚える

　入学式や新学期が始まる前に、**写真付きで名簿が出来上がっているようであれば、顔と名前を一緒に覚えましょう**。4月当初に名前をすぐに呼べるようになっておくと、生徒も嬉しいですし、コミュニケーションもスムーズになります。

✦ | 入学生全員の名前を覚えていた養護教諭

　私が尊敬している養護教諭は、4月に入学してくる生徒全員分の名前を覚えてから4月を迎えていました。4月は内科検診や歯科検診等、さまざまな保健行事があるので、顔と名前を覚えておくことは必要なことなのだそうです。
　養護教諭が入学してきた生徒に名前を呼んで声をかけると、生徒は一瞬びっくりした表情になるものの、「なんで私の名前を知ってるんですか」という会話になり、スムーズなコミュニケーションにつながっていました。
　新入生は特に緊張しているので、**「自分のことを少しでも知ってくれている先生がいる」ということは、生徒の安心感につながります**。担任になったら、まずクラスの生徒の名前を覚えて信頼関係を築いていきましょう。

April

学級びらき

「学級びらき」は、学校ならではの言葉かもしれませんね。言葉通りですが、年度初めの4月に新しい学級（クラス）をスタートさせるということです。ではこの学級びらきの際には、何をしたらよいのでしょうか。

1 自己紹介をする

まずは、自分が何者なのかを紹介し、生徒たちにも自己紹介をしてもらうのが一般的でしょう。

自己紹介をすることに抵抗がある場合は、こちらから自己紹介のやり方やその内容をある程度準備して、その項目を話してもらうようにすると安心するかもしれません。例えば、まずは隣同士2人組になり、名前はもちろんのこと「自分が夢中になっていること」や「よく遊びに行っている場所」等、自己紹介をします。その後、全体では先程紹介し合った情報をもとに、他者紹介をするといった感じです（グループエンカウンター）。こうすることで、隣の生徒とお互いをよく知ることができますし、他者を紹介することによって、自己紹介するよりも話しやすいということもあるでしょう。

1 クラスのルールを決める

自己紹介を経て、生徒の人となりがわかったところで、今度はクラスのルールを決めていきましょう。まずこのクラスをどのようなクラスにしていきたいのか、そのためにはどうしたらよいのかをクラス全員で決めていくのです。教員側が全てまとめて指示する形でもよいですが、筆者の経験では、**クラス全員で決めたときのほうが、ルールが大事にされ、守られる傾向があります**。担任の思いも伝えつつ、上手に学級びらきをしましょう。

April
所信表明（1年間の抱負宣言）をする

　4月は、何かを始めるには非常に良い季節です。春の穏やかな季節も相まって、やる気に満ち溢れているはずです。新しい学年、新しい学期、新しい担任、新しいクラスと変化が大きいこの時期に、生徒が自分の決意を文字や言葉で発することには大きな価値があります。

✦ | 生徒の意思を尊重し、否定的なコメントをしない

　生徒が所信表明をするときに教員が意識することは、「そんなのできっこない」「無理な目標は立てるな」等の否定的なコメントをしないことです。4月の最初に生徒自身がやりたい！と思ったことに対して否定から入ってしまうと、生徒はやる気を失います。生徒自身がやってみてそこで気が付くことも必要な場合もあります。**生徒の意思を尊重し、温かく見守ってあげましょう**。

✦ | 学校外の目標も応援する

　多くの生徒は、「定期考査で1番の成績をとるために毎日勉強をする」、「部活動でレギュラーをとるために朝練をする」等、学校内での目標を掲げるでしょう。しかし中には、学校の中では目標がなく、学校の外で頑張りたいという生徒もいます。そのような場合は無理に学校内のことに絞らせず、**本人がチャレンジしたいこと・頑張りたいことをしっかり聞いてあげる**ことが大切です。

✦ | 担任も所信表明する

　さらに、可能であれば担任である自分の所信表明もしましょう。担任としてこのクラスと共にどのように歩みたいのか、また個人的にどのような目標を持っているかなどを生徒の前で公表してもよいでしょう（例「漢字検定1級合格する！」等）。

April

#生徒指導

アイスブレイクは、前提を確認する

新たにスタートした新年度の緊張状態をほぐす上で、アイスブレイクはとても重要なコンテンツです。学級びらきや授業びらき、部活動で新入生が加入するときなど、さまざまな場面でアイスブレイクを活用してみましょう。

✦ | まずは定番のアイスブレイクを

新年度は、他者紹介やフルーツバスケットなど、定番のアイスブレイクが有効です。あまりひねりを加えると、複雑化して失敗しがちなので、ベタなものがおすすめです。アレンジをしたとしても、要素をちょっと足すくらいでちょうどよいです。『カンタンなのにこんなに楽しい！ 中学・高校「学級レク」83』(幸野ソロ、学事出版)にたくさんのレクが紹介されています。

✦ | 心理的安全性を担保しておく

重要なのは、アイスブレイク自体よりも、それをする上での「前提や心構え」です。生徒たちはアイスブレイク中も緊張しているので、ハードルを下げておくほうがよいです。例えば、お互いに第一印象で相手を判断しないこと。みんな緊張しているかもしれないから、お互いさまの気持ちでいること。沈黙も大事にすること。自分なんて……と思わないこと。など、心理的な安全を担保する前提を伝えておくことが重要です。

✦ | 優しい集団を作る

このような要素はアイスブレイクの場面だけでなく、「1学期の学校生活を送る上での前提や心がけてほしいこと」として伝えてもよいと思います。これらの前提があってもうまくいかないケースは多いですが、少しでもハードルを下げて、お互いに優しい気持ちで集団作りができるとよいですね。

April
自己紹介を工夫する

　自己紹介の方法については多数存在するので、正解は一つではありません。経験上、うまくいった自己紹介の方法を二つ紹介します。

✦ 1「どのような仲間を探しているか」を聞く

　名前、好きなもの、興味のあること、このクラスで頑張りたいこと等、どの自己紹介でも必ず入る項目はもちろんですが、ここに一つ「どのような仲間を探しているか」という項目を入れます。すると「私は音楽が好きなので、音楽の話ができる仲間を探しています」とか「僕はバスケが好きだから、土日も一緒にバスケをしてくれる仲間を探しています」というような話になります。すると、自己紹介後に「実際は、どんな音楽聞いているの？」とか「どのあたりでいつもバスケしてるの？　好きなバスケ選手って誰？」みたいな話になってくるわけです。つまり**自己紹介が仲間作りの伏線になり、生徒同士が仲良くなる**きっかけになるということです。

✦ 1 事前に自己紹介カードを書いてもらう

　もう一つのおすすめの方法は、事前に自己紹介カードを配布し、記入してきてもらう方法です。自己紹介をする前に全員分を印刷し配布します。当日は、そのシートを見ながらクラスメイトの自己紹介を聞きます。

　この方法のメリットは、名前や好きなこと等をメモする必要がなく、**相手の話を集中して聞ける**という点です。相手の顔を見ながら聞くので、顔と名前が一致しやすくなります。また、**自己紹介している側も話を聞いてもらえているという気持ちになり、話しやすくなります。**参考にしてみてください。

April　　　　　　　　　　　　　　　　　　　　#生徒指導

校則の理由を生徒と確認する

　学校では必ずと言ってよいほど校則がついて回ります。そのため、4月に生徒にしっかりその内容を伝える必要があります。なぜその校則があるのか等について、生徒と教員で共に確認することが大事です。

✦ 必要に応じて校則を見直す

　学校によって校則の内容はそれぞれですが、髪の毛の長さやスカートの長さ、化粧やピアスの禁止、制服の着こなし方、靴下の色等が決まっている学校が多いのではないでしょうか。

　また、廊下をバイクで走らないとか、校内でガムを吐かないなどという校則が残っているところもあるのではないかと思います。「残っている」と表現したのは、時代が経つにつれてその校則が効果を持たなくなったものが、そのままになっていると考えているからです。

　現在、校則に加えるとすれば、原則スマホは授業中に触らないとか、相手の許可なく動画を撮ることは禁止する等でしょうか。

　校則として残したほうがよいものとそうではないものに分け、**目の前の生徒に合ったものを作成し直すことも大切**です。

✦ 生徒も教員も納得できる校則にする

　生徒自身が納得できないものについては、校則とはいえしっかりと守ろうとは思わないでしょう。現在はスマホが普及し、他の学校の校則もすぐに知ることができます。「あそこの学校はよいのに、なぜウチの学校はだめなんですか」などと言われることもあるでしょう。その際、**理由と共に生徒に説明できるような校則でなければ駄目**です。また、指導する上で、生徒だけでなく教員も納得し、校則を共有することがとても重要なのです。

April

#成績 #教務 #保護者

義務教育との違いを伝える

　高校は、義務教育である中学校とは大きく異なります。その中でも特に重要な「履修」と「修得」の仕組みについて知っておくことが必要です。

✦ |「履修」と「修得」について理解する

　「履修」とは授業に出席すること、「修得」とは一定以上の成績を収めて授業内容を身に付けることです。

　授業時数には、学校で定められた一定数の基準、そして文部科学省が定めた時数があります。授業に出席して基準を満たさなければ「履修」が認められず、進級することができません。出席の要件は、学校によってさまざまですので、確認をしっかりしましょう。

　履修した上で、定期考査などを受けて一定以上の成績を収め、提出物を出したり、その他の評価項目などを満たすことで「修得」が認められます。これを達成することができないと「修得」が認められず、進級ができません。

✦ | 高校の仕組みについて丁寧に説明する

　義務教育では次の年度になれば、進級することができますが、高校においては履修・修得が必要です。履修・修得が不十分で、欠点（いわゆる赤点）になってしまった場合は、学年末に実施される追認定考査などに合格する必要があります。**合格できない場合は、原級留置（いわゆる留年）などになります。**

　このシステムは、しっかりと生徒に理解をさせておく必要があります。また、生徒だけではなく保護者にも面談の機会に資料を配布して確認をしましょう。

　その他、中学校とは学校のルールやシステムも大きく変わりますし、生徒の居住地なども広域になります。生徒もわからないことが多いので、丁寧に確認をしつつ、何かあれば些細なことでも質問するように促しましょう。

April

学級日誌を活用する

　学級日誌は、昔からある学級経営ツールの一つです。上手に活用すれば、生徒同士・生徒と担任のコミュニケーションに効果的です。

✦ | 記入のハードルを下げる

　学級日誌の課題として、「記入が面倒くさいと思っている生徒がいる」という点と、「日誌を書くのを忘れやすい」という点があります。記入が面倒くさいという部分に関しては、多くの学級日誌が、**時間割とその日の授業内容、その日のできごと等を記入したりする手間がある**からです。ほとんど時間割通りに授業が進むのであれば、月曜日から金曜日までの時間割が記載されているものを活用し、内容だけ記入すればよいものにしたり、授業交換がある場合には、その日だけ白紙の用紙を使ったりするなど、できるだけ生徒に負担がないように工夫してハードルを下げたいところです。

✦ | 日誌を忘れない仕組みを作る

　日誌を書くのを忘れてしまうという部分については、**2人一組の輪番制にすることで解決します**。どちらかの生徒が覚えていたり、どちらかが欠席したりした場合でも対応できるようになるからです。また、学級日誌のルールとして、「週の最後の授業日には必ず次の担当の人に声をかけてから帰る」というようにしておくと、引き継ぎもスムーズです。

April ・・

#生徒指導

初めての席替えは慎重に

　年度当初の座席は、名前を覚えるために、しばらくはそのままでもよいと思います。もし席替えを実施する際は、注意するポイントがあるので確認しましょう。

✦ | 担任の思いやスタンスを共有してから実施する

　初回の席替えでは、席替えのやり方や、授業時に守ってほしいルールなど、座席に関する前提を確認して行うことが重要です。担任の学級経営のスタンスを生徒に伝える機会にするとよいでしょう。

　席替えをどうやるのかも大事ですが、**席替えを通じて生徒にどうなってほしいのか**を共有できる機会になるとよいですね。

✦ | 合意形成を図りながら方法を決める

　このような理由から、最初は時間をかける意味があるので、可能な範囲でLHRなどの時間に余裕のあるときに進めるのがよいでしょう。話し合いにおいて、特に大事なのは「合意形成」を図ることです。生徒から提案が出た場合は、**「このような意見が出たがそれでよいか？」「この案で進めて心配はないか？」**などのように、適宜生徒に確認をしながら進めるとよいでしょう。

✦ | アフターケアも視野に入れる

　クラスが慣れてきたら、くじ引き・じゃんけん・その他の方法などアレンジしていくのもよいですね。HR委員などにも力を貸してもらいながら、みんなで楽しく進めていけるとよいでしょう。しかし、**どのような方法をとったとしても、必ず不満は出ます**。席替え後のアフターケアなども視野に入れながら、生徒と対話を欠かさずに進めていきましょう。

April

二者面談の前に、プリントを用意しておく

#面談

　年度当初は、なかなか生徒一人ひとりとゆっくり話をする時間がないので、最初の二者面談は生徒との信頼関係を築く大事な機会です。面談の際には、時間短縮のため事前に生徒にプリントを配布し、必要な項目を書いてもらうとよいでしょう。ここでは、面談の時間を活かす工夫を二つ紹介します。

✦ | 生徒の気持ちや状況を確認する「アンケートシート」の活用

　一つは二者面談用の「アンケートシート」です。面談ではアンケートシートを話題の中心にしながら進めます。**クラスや学校への不安、担任に知っておいてほしいこと、書ける範囲での家族状況や身体のことなど、生徒の気持ちや状況の確認**をします。

✦ | 生徒のことをもっと知るための「偏愛マップ」の活用

　もう一つは、好きなものや関心興味などをまとめた「偏愛マップ」です。**面談時の生徒との雑談は大事なコミュニケーションの機会**です。この偏愛マップを使うことで会話が弾み、生徒のことを知ることができおすすめです。書いてあることを解説してもらうだけなので、教員側の負担もありません。

　偏愛マップは、生徒に配布する際、教員自身が書いたものも配布するとさらによいです。生徒にとっては書く際の見本にもなりますし、教員自身の自己開示のツールにもなります。生徒と趣味や関心が同じなどで意気投合するケースもあります。

✦ | 面談の最後に思いを伝える

　面談の最後には、面談ができて良かったこと、今後もコミュニケーションをとりたいことを生徒に伝えましょう。この一言が次回の面談につながります。

April ・・ #保護者

保護者との関わり方、4月

　保護者は、生徒の成長という目的に向かって「同じ船を漕いでいく仲間」です。誠実に関わることが何よりも大事です。

✦ 入学時の保護者への伝達は念入りに行う

　保護者と直接会うのは、1年生であれば入学式になる場合が多いです。各分掌や学年などから、非常に多くの配布物や連絡事項、回収物があります。**事前に主任や先輩教員などと要点を確認**しておき、丁寧に進めましょう。やることも多く、緊張もすると思うので、当日の流れなどはメモに書いて、シミュレーションをしておくとよいです。

✦ 保護者には、丁寧に向き合う姿勢を見せる

　保護者に伝えるべきことはたくさんありますが、**誠実に生徒と向き合うこと、何かあればコミュニケーションをとる意思があること、問題行動があればきちんと指導すること**、この3点が最も重要です。完璧で抜け漏れのない教員かどうかよりも、丁寧に生徒や保護者と向き合う姿勢があるかどうかを保護者は見ていることが多いです。

✦ 焦らず、無理せず、抱え込まない

　この段階で学級経営方針などを無理に出さなくても、上記のポイントが伝われば十分です。これからまだまだ関わる機会はあるので、焦らずにシンプルに進めましょう。

　保護者によっては、さまざまな意見を出してくることもあるかもしれません。その際は、ひとりで抱えたり解決したりしようとせずに、主任や管理職などと情報を共有し、適宜同席での対応をお願いするなど、連携しながら進めていきましょう。

`April` #保護者

PTAクラス役員をお願いする

　PTAについては、昔と違い、共働き世帯も増えたことから、役員の成り手が見つからず苦労するケースもあります。限られた時間の中で、どのようにしてクラス役員を選出していけばよいでしょうか。

✦ | PTA役員決めの流れ（例）

　PTAの学校全体の役員については、前年度中に大枠が決定されていることもあります。しかし、1年生のクラス役員については、入学後に担任を中心に選出する場合もあります。

　一例として、入学式後にPTA入会式（後援会入会式など）において、事前調査を行う場合があります。このアンケートで新入生の保護者について状況を把握し、参考にしながら担任が目星をつけます。

✦ | 兄か姉の在籍があるか確認する

　一番おすすめする方法は<u>兄弟・姉妹関係をまず把握すること</u>です。以前に兄か姉が在籍をしていた場合、その時の役員状況について確認してみます。仮に兄・姉のときにPTA役員やクラス役員になっていた場合は、引き受けてもらいやすいです。

✦ | 事前に生徒を通じて根回ししておく

　ただ、いきなり保護者に電話をするのではなく、該当する生徒に「PTAの件でご家族の方に電話で相談をしたいのだけれど、何時頃であればお話できそうかな」と、事前確認をしておきましょう。**保護者の多くは、学校からの電話に対しては<u>警戒感を抱く</u>**ものなので、PTA役員を再度お願いする場合も、初めて電話をする場合も、生徒への事前確認をすることは信頼関係を築く上で大切です。

担任が新年度にしておく準備と心構え

　新年度に向けた準備にはどのようなものがあるのでしょうか。担任をすることが決まったらしておくべきことと、1年間の心構えについて紹介します。

入学式・始業式の前の準備

　新入生を担任する場合、自分のクラスの名簿ができた時点で、どのような生徒が入学してくるのかをイメージしつつ、準備をします。入試の際の願書等で顔写真を確認しながら準備をすると、徐々に実感がわいてきます。

　入学式までに、校門から教室までの廊下にどのような掲示物や案内を用意すべきか、教室から入学式の会場へ向かう順路、着席する場所、式の進行、呼名、退場する順路、写真撮影や保護者へ向けて話すこと等を具体的にシミュレーションしておきましょう。

　特に重要な準備は、新入生の名前を確認することです。特殊な読み方をする場合はルビを振り、イントネーションに注意が必要かどうかも確認しておくと安心です。呼名の練習は実際に声に出して読んでみて不自然なところがないかどうか、他の教員に聞いてもらうのもいいですね。当日は緊張するのは当然ですが、堂々と、できるだけ顔を上げて生徒の顔を見ながら名前を呼ぶと、教員の熱意が自然と伝わることでしょう。

　始業式からクラス担任をする場合、教科指導等で関わりがあればイメージしやすいですが、異動したばかりで学校の様子がわからない場合は、4月に着任してから始業式までの間に、部活動で登校している生徒の様子を眺めたり、他の教員にどのような生徒が多いかなどを聞いたり、担任する生徒の中に指導上の配慮を要する生徒はいるか、これまでにあったトラブルや保護者の様子等を学年主任や前の担任に聞いておくとよいでしょう。とは言え、先入観に惑わされすぎないようにしましょう。

服装・持ち物は何が必要か

　職務命令書に入学式は「式典にふさわしい服装で」と書いてあることが多いですが、「ふさわしい服装」と言われても何が適しているのかわかりにくいですね。式典で無難なのはやはりスーツでしょう。普段から着ている人は汚れやほ

つれがないか、サイズが合っているかなどを確認しましょう。入学を祝う式典ですので、ポケットチーフやネクタイ、ブラウスの色などでアクセントを加えてもよいでしょう。生徒に校則や身だしなみを厳しく指導している学校ほど、生徒や保護者から「先生はそんな恰好でいいのか」と厳しい目で見られます。多様性が認められる時代とはいえ、派手すぎる髪の色やネイル、ピアスなどは控えましょう。式が行われる会場には多くの物を持ち込まず、不要なものやスマートフォン等は職員室に置いておきましょう。

そして意外と目立つのが、足元です。普段から履き古している校内履きのスニーカーではなく、服装に合わせた革靴などにしましょう。ヒールの高い靴は体育館を傷つけたり音が耳障りだったりしますので、注意しましょう。

クラス担任としての心構えと学級経営方針

担任をすることが決まったとき、どのような気持ちになったでしょうか。とても楽しみだと思う人もいれば、まだ担任は早いのではないかと不安に思う人もいるかもしれません。不安の原因は、やったことがないことに挑戦することだけでなく、理想通りにいかなかったらどうしよう、失敗したら嫌だという気持ちからくるのかもしれません。

高い理想を持つことはとても大切で尊いことですが、生徒は教員の指示を聞いて動くものと考えて接するのはとても乱暴で、これからの主体性を重視する時代にはそぐわないと言えるでしょう。

では、クラス担任として何から始めるのか。「生徒にどのように育ってほしいと思っているのか」「クラス担任として何を目指していきたいのか」などを改めて自分に問いかけてみてはどうでしょうか。これまでの経験や学んできたこと、伝えたいことなどを元にして、「生徒にどのように育ってほしいのか」を期待することは、単なる理想を越えて、あなた自身が教員として存在する価値を示すものにもなります。また、今後も変化し続ける教師観にもつながる、教員としての根幹の部分かもしれません。

そしてこれらの考えは学級経営方針につながってきます。学級経営方針は、クラス担任が考えて生徒に示すもので、生徒が作る学級目標とは異なります。担任としてどのようなクラスにしたいかを示すことによって、生徒と共にクラスを作っていくという意識が生まれますし、クラスの雰囲気がよくないときに、

初心に返るきっかけになるのです。難しい内容にする必要はなく、生徒が理解できる言葉を選びましょう。

　例えば、「相手のことを考えられるクラス」と示したとしましょう。4月当初は互いの様子を伺いながら生活していたものの、徐々に慣れてきて、生徒が自分のことしか考えない行動や言動をしたときが学級経営方針の出番です。クラスの雰囲気について話し合いをさせたり、生徒それぞれにどのように成長してほしいかを繰り返し伝えたりするきっかけにすることができます。

HR通信等は継続できそうな方法を選択する

　朝や帰りのHRだけでなく、形の残る方法で担任からのメッセージを伝えたり、様子を知ってもらいたい場合、HR通信、黒板メッセージなどがあります。

　HR通信は、発行頻度（毎日、週1回、月1回、不定期など）、内容（行事に関すること、日々の気づき、連絡事項、進路関係の情報など）、発信対象（生徒だけか、保護者もか）、発信手段（紙、ウェブ、掲示など）、発行に関する作業量（いつどこで作成するか）などの検討から始めます。自分に最適な方法で、継続できそうな方法を考えていきましょう。

　誰が読んでも不快にならない内容で、名前などの個人情報の掲載はせず、クラスの様子がわかる内容にしましょう。生徒や保護者に文書を発行する場合、事前に管理職に確認することが必須な学校もありますので、周りの教員に確認しておくと安心です。

クラス担任としての関わり方を考える

　学校や地域によって、朝のHR（出席確認）がない、生徒は授業の時間に合わせて登校するのでクラス全員が集まることがない、教室は授業で使われるだけで生徒の私物はロッカーに置くなどの違いがあります。通信制の学校の場合は、登校する日しか顔を合わせない、オンラインでしか生徒と話さないという場合もありますね。そのような中で、クラス担任と生徒がどのように関わり、交流していくのかを年度当初に考えておくとよいでしょう。

第 2 章

5月～6月

May-June　　　　　　　　　　　　　　　　　　　　　　#生徒指導

GW前後は「慣れ」に注意

　入学式や始業式も終わり、季節が移り変わるタイミングです。学年によっては、GW前後に学年の行事を開催する場合もあり、教員も生徒たちもお互いの関係性を築き上げようとする時期でもあります。

　このような時期、生徒と関わる際に大切なことは何でしょうか。

✦ | 毅然とした態度でメリハリをつけた関係を築く

　この時期で最も大切なことは「メリハリ」をつけることです。緊張感のある雰囲気でスタートした生徒たちですが、1か月もたつと「慣れ」を感じてきます。良い意味での「慣れ」もあれば、悪い意味での「慣れ」もあります。<u>教員と生徒という関係性を毅然と保ち、「メリハリ」をつけた関係性を構築する</u>ことで、今後の1年間が変わってきます。

　教員も生徒も互いに様子を見ながら生活してきた1か月は、実はものすごく重要な1か月なのです。

✦ | 他のクラスと足並みを揃え、比較には動じない

　例えば、クラスの生徒への連絡方法について、どのように発信をされているかを比較されることがあります。「隣のクラスでは連絡されているのに、私のクラスでは連絡されていない」となると、生徒たちの不信感につながります。そのようなことのないように、<u>学年で連携をとっていきましょう</u>。

　また、学年が上がるにつれ、生徒は前年度のクラスと比較をすることもあります。良いところが評価され、「今年はこの担任と頑張っていけそうだ！」と生徒たちが感じられるといいですね。

May-June　　　　　　　　　　　　　　　　　　　#生徒指導

席替えでやってはいけないこと

　教室の環境整備については、いろいろと考えなければならない部分がありますが、ここではこの時期に行う「席替え」について考えていきます。

✦ **| 席替えで認めてはいけない「後出しじゃんけん」**

　席替えは、「新しい気持ちで頑張ろう」と思える取り組みの一つでしょう。席替えのやり方は、担任裁量というところが多いようですが、「これだけはやってはいけない」という席替えの方法があります。

　それは、席替えが終わってから、何かしらの理由をつけて席を交換することです。仲の良い生徒同士で近くになりたい気持ちもわかりますが、<u>公平に席替えをして決まったものを動かすのはよくありません</u>。後から座席を交換しないような工夫が必要です。そうしないと、「じゃあ私も」「僕も」という流れになってしまい、<u>クラスのまとまりがなくなってしまいます</u>。

　では、このような事態にならないようにするためにはどうしたらよいのでしょうか。

✦ **| 特別な事情がある生徒は先に席を決めておく**

　1つの解決策は、「<u>席替えの理由になりそうなものを先に挙げておく</u>」ということです。「後ろの席だと黒板の字が見えにくい」「エアコンの近くだと体調を崩しやすい」のようなものや、冬であれば「ストーブの近くが暑い」、「換気をする窓のそばが寒い」というようなことが挙げられます。また身長が高い生徒が前に座ってしまうと前が見えない等の理由もあります。

　このような配慮が必要な生徒は、先に座席を決めるなどし、後出しじゃんけんをさせないようにしましょう。<u>生徒と共に懸念点を探しながら席替えすると、スムーズかもしれません</u>。何事も最初が肝心だということを忘れずに。

`May-June` ・・ 　　　　　　　　　　　　　　　　　　　　　　　　#成績

年度最初の定期考査に向けて

　新学年になって初めての定期考査。1年生にとっては、高校に入学して最初の定期考査になるので、問題数の多さや難しさにびっくりする生徒もいるでしょう。また在校生にとっては、教科担当の教員が変わり、問題の傾向の変化にとまどう生徒もいるかもしれません。落ち着いて定期考査に取り組ませるためにはどうしたらよいでしょうか。

✦ **| 3つの「あ」―あせらない、あきらめない、あなどらない**

　とある進路指導主事から聞いた話ですが、テストでは「3つの『あ』」が重要だそうです。**①あせらない、②あきらめない、③あなどらない**、の3つです。大学入試を受験するのに重要なマインドとして紹介されていましたが、これは定期考査でも同じです。

　入学式や始業式から中間考査までは期間が短く、1か月もしないうちに定期考査という学校もあることでしょう。だからといってあせることはありません。期間が短いということは考査の出題範囲も狭いからです。これが①あせらない、ということです。

　②あきらめない、という言葉については、説明は不要ですが、何事もあきらめたらそこで終了です。気持ちを強く持ちましょう。

　③あなどらない、というのは、「前回の定期考査の点数が良かったから大丈夫」「私はこの教科が得意だから心配ない」と試験をあなどる生徒に向けての言葉です。あなどったがゆえに、予想もしなかった点数を取る生徒がいます。考査が始まる前に、ぜひ生徒に「3つの『あ』」を伝えてみてください。

`May-June` ・・

#生徒指導

「五月病」に注意

　4月から1か月が経ち、新しい環境、新しい担任や友達に戸惑う生徒も出てきます。また、新しく学ぶ教科や科目に対して、苦手意識を感じ始めるのもこの時期です。GWはどのような時期ととらえればよいのでしょうか。

✦ | GWは生徒の自主性に任せるのも一つ

　GWは生徒たちが一度、自分自身を見つめ直す時間としてとらえることも必要です。友達と遊びに行く予定を立てたり、部活動を精一杯頑張ったり、生徒一人ひとり行動は異なってきますが、「GWで連休だから宿題を出そう」というのではなく、<u>「GWは生徒の自主性に任せよう」という心構えでいると、うまくいく</u>と思います。

✦ | GW明けの様子に注意する

　また、日常生活と異なるGW明けは、「五月病」と呼ばれる症状に悩まされる生徒もいます。自分が苦手なこと、不安なことがあると、そこから逃げ出したくなることは大人でもあります。高校生という多感な時期であればなおさらでしょう。

　私たち教員はここに注意する必要があります。生徒とコミュニケーションをとりながら、生徒の変化を感じてあげるのです。<u>「急に遅刻や欠席が増えた」「クラスの友達と話している様子がない」</u>等の変化があれば、それは黄信号です。そのような生徒には、こちらから声をかけて話を聞いてみましょう。

　ここでは、生徒の心情に寄り添っていくことが一番大切になります。あくまでも生徒の話を聞くということに徹しましょう。

May-June

#ICT

学級日誌の見直し

　学級日誌については、多くの学校が輪番制で全ての生徒が記入することになっていると思います。学校で様式が統一されているところもあれば、学年やクラスで異なるというところもありますが、いずれも内容はその日の時間割、宿題や今日の出来事を記入する欄などです。

✦ | 学級日誌「形骸化」していませんか？

　しかし、学校全体でやっているから、学年で統一されているから、という理由で仕方なく生徒に強いてやっているという場合もあるのではないでしょうか。筆者もそういう時期がありましたが、「どうせやるなら楽しく意味のあるものにしたい」と考え、学年主任に相談し、学級日誌を独自のものにしました。

✦ | 生徒が書きたくなる、読みたくなる工夫を

　学級日誌を生徒が読むようにするためには、そこに**必要な情報が書かれていたり、読む楽しさや嬉しさが盛り込まれていたりする必要がある**と考えます。例えば、課題の〆切や、生徒が書いた記録に担任がしっかりと書いたコメントなどです。生徒が書いたコメントに対して、2倍以上のコメントを返したところ、生徒もどんどん書くようになっていったという経験もあります。ただスタンプを押すだけでは、生徒も「楽しかった」程度のことしか書きません。このあたりを意識して工夫すると、学級日誌もうまく回るかもしれません。

　ただ、現在ではICT環境が整いつつあるので、「紙媒体の学級日誌は意味があるのか？」という意見もあると思います。その部分に関しては、必要性を学校全体で話し合い、方向性を整えるとよいと思います。

May-June　　　　　　　　　　　　　　　　　　　#面談　#進路

二者面談で進路を一緒に考える

　学年によっても異なりますが、進路希望調査に基づいて行う面談では、なぜその分野に興味を持ったのか、今後の見通しはどのようなものか、そのためにやるべきことは何か、などを聞いていくのがよいでしょう。生徒の話を聞くことは、信頼関係の構築にもつながります。

✦ | 生徒の希望を否定せず、応援を前提とする

　基本的には生徒の希望を否定せずに、まずはその道を応援することを前提としながら、さらなる可能性や、今後必要なことなど、**さまざまな角度から一緒に考えることが重要です**。

　まだ進路が決まっていない生徒は、オープンキャンパスや企業の合同説明会への参加、先輩の話を聞いてみることなど、具体的なアクションを促すとよいでしょう。学校の進路実績などから関心のあるものを探してみる、消去法で選んでみるなどの方法も有効です。

✦ | 選択肢を提示したり、視野を広げるアドバイスをする

　生徒の「やりたいこと」を聞くことは大切ですが、なかなか見つかりにくい生徒もいます。その場合は、こちらから選択肢などを提示しつつ、消去法で絞り込んでみるのもよいと思います。

　また、進みたい方向がすでに明確に決まっている生徒もいると思います。しかし今後の社会は、自分の興味関心や他領域などと連携しながら、複数要素を掛け合わせていく時代、いわば「パラレルキャリア」の時代とも言われています。一つの選択肢だけではなく、**複数の要素を比較検討したり、周辺を見たりすることの重要性も伝えておくとよいでしょう**。進学の場合であれば併願校を、就職であれば、第2・第3希望などを考えることも促しましょう。

#保護者 #面談

三者面談で情報を共有する

　三者面談は、生徒と保護者と教員の三者で実施する面談になります。二者面談との違いは、保護者が学校に来て一緒に話を聞くというところです。

✦ 家庭での様子を聞くチャンスととらえる

　多くの高校生が未成年であるので、保護者の同意が必要な事柄も多くあります。例えば修学旅行についての同意だったり、選択科目についての同意だったりと数は多くありませんが、保護者に確認をとらなければなりません。**この時期の三者面談は、担任との顔合わせの意味もありますが、家庭の様子を聞くチャンスです**。担任は、学校にいる生徒の様子しかわかりません。逆に保護者の方は、家での様子しかわからないので、お互いの情報を共有するとよいでしょう。

✦ ふれてほしくない話題は事前に生徒に確認しておく

　生徒にとって、話して嬉しい話題もありますが、「親に話してもらっては困る」という話題もあります。そのような懸念のある話題にふれる場合には、必ず事前に生徒に話すことを伝えておくようにしましょう。**三者面談で話してしまったことで、関係性が悪化することになってしまったという話も聞く**ので、ここは丁寧に行いたいところです。

　また、生徒と保護者の関係が悪く、三者面談中に喧嘩をしてしまうこともあります。その場合は、三者で話すところと二者で話すところを分ける工夫もあります。「二者」というのは、教員と保護者です。二者になった際に、「子どもの前では言えなかったのですが……」という話も出てきます。生徒と保護者の関係性も見ながら三者面談を進めていきましょう。

40

`May-June` ・・   #保護者

保護者との関わり方、5〜6月

　新しい年度が始まって1か月が過ぎました。この1か月は、生徒と教員がお互いに様子をうかがっていた時期だったと思います。これからの時期、保護者とのコミュニケーションはどのように行っていくべきでしょうか。

✦ | 先回りして保護者にアプローチする

　最近の生徒たちは、日頃の学校生活について、家庭で十分に話をする時間を確保することが難しくなってきています。また、家庭内でのコミュニケーションについても十分に行うことが難しい場合も考えられます。こうした、十分に時間を確保できていない状況においては、一方通行による情報の行き違いも発生してしまいます。

　担任は、こうした生徒たちの家庭状況についても把握し、保護者へ先手のアプローチを行う必要があります。

✦ | 些細な情報でも保護者に連絡する

　日常的に生徒と関わる時間が多い学校生活では、些細な情報であっても、保護者とのコミュニケーションを行うきっかけになります。保護者の立場からは、学校からの連絡に当初は抵抗を感じる場合も予想されます。しかし、担任が受け持っている生徒のことで率先して連絡を行うことにより、学校との距離感はグッと近くなるでしょう。この部分に関しては、保護者との関係性や学校の実情に合わせた対応が求められます。

　<u>連絡する際は、生徒の良くない部分だけを伝えるのではなく、良い部分も伝えられるようにする</u>ことを忘れないでくださいね。

May-June

定期考査の振り返りで見るべきポイント

#成績

　定期考査の結果が返却されると、生徒は一喜一憂することでしょう。しかし、点数だけを見てそれで終わりにしてしまったらもったいないです。**定期考査で問われた問題のうち、どの形式の問題が解けなかったのか、またどの教材から出題されていたのかをしっかり分析することが大切です。**

　生徒は分析の仕方に慣れていないと思いますので、可能であれば、考査の振り返りの時間を設け、教員のほうでリードしましょう。

｜どのような問題でつまずいたかを確認する

　まずは、どのような形式の問題が解けなかったのかを確認します。

　具体例として国語で考えると、漢字が書けなかったのか、文章の読解ができなかったのか、それとも問題を読み違えてしまったのか。このように丁寧に分析していくと、「今回、私は漢字の問題が全然解けなかった」「文章から抜き出す回答方法だったのに、自由に書いてしまった」等々、自身の弱点やミスしがちなポイントがわかります。

｜どの教材から出題されていたかを分析する

　次に分析したいことは、「どの教材から定期テストが作成されていたか」ということです。教科書の注や巻末問題、副教材のワーク、配布されたプリント等、出題された問題はどの教材を学習していれば解答できたのか確認するのです。もちろん教員によって差はありますし、偏りもあると思います。

　勉強時間には限度があるので、どの教材からどのような問題が出題されたかを意識して勉強することは効率化につながり、そして、この経験が大学入試などの過去問研究につながります。

May-June

#進路

模擬試験の活用方法

　模擬試験の活用方法はさまざまありますが、生徒が活用する方法と、教員が活用する方法について紹介します。

✦ | 生徒が活用する方法

　生徒が活用する方法としては、まず出題範囲を確認することです。1年生から3年生の夏の模試までは、教科・科目によって出題範囲が限定されており、その範囲内で問題が作成されています。そのため、模試の範囲に合わせて学習することで、効率的に勉強できることでしょう。

　また、3年生にいたっては、模試で出題された問題が、本番の入試に出題されるということもザラにあります。模試の問題を取っておき、期間を空けて解き直す等、行うとよいでしょう。**そのため、受けた模試をファイルしておいたり、模試ノートを作成して切り貼りしておく**などしておくと、未来の自分を助けることにつながるかもしれません。

✦ | 教員が活用する方法

　次は、教員の活用法です。これはいたってシンプルで、その教科・科目の模試が終わった後に、すぐに解説講座を開くことです。生徒に「復習は各自でやっておくように」と伝えたところで、なかなか生徒は復習しません。であるならば、講座を開いて全員一緒に復習するようにしてしまうのです。

　ここで重要なのは**「模試を受けたすぐ」に講座を開くこと**です。頭に問題が残っているうちに復習すると効果は倍増します。ぜひやってみてください。また、授業中にその問題を取り上げたり、定期考査に類似問題等を入れたりするのも効果的です。

#生徒指導　#学校行事

生徒主体の学校行事を支援する

　校外学習や体育祭などの行事は、生徒が主体となる大きなチャンスです。係や体育委員などと相談をしながら進めるのが基本です。しかしまだ序盤なので、適切なフォローが必要です。

✦ | 事前に相談し、うまく進むようにフォローする

　この時期は、まだ生徒の人間関係も流動的で、体育祭のメンバー決めなども難航することが多いです。生徒によってはクラスで話し合いを仕切ることがスムーズにいかないケースも多いと思います。**特に1年生などは任せっきりにするのではなく、事前に作戦を立てるなど、相談しながら進めたほうが良い方向に進むことが多い**です。生徒のチャレンジも促しつつ、うまく足場掛けをしてあげるとよいでしょう。

✦ | どのような気持ちで臨むのか共有し、教員も楽しむ

　また行事に際しては、「どう進めるのか」も大事ですが、**「どのような気持ちで行事に臨んでほしいのか」という願いを共有することのほうが大事**だと思います。まずは集団行動の前提条件として、時間を守ること、協力することなどを確認しましょう。

　さらに、**「なぜ時間を守ることや協力をすることが重要なのか」についてクラスで対話をしたり、協力する中で緊張してうまくいかないことがあってもお互いさまの気持ちで許し合ったりする等**、合意形成しておくとよいでしょう。

　また、苦手な時は「苦手です」とか「教えて」と言い合える関係性を構築できていることが望ましいです。そして、生徒だけでなく教員も楽しむ姿勢を見せることでクラス全体が盛り上がりますので、生徒と共に学校行事に取り組みましょう。

`May-June` ＃進路

〈3年生〉5月に公務員募集要項を確認する

　国家公務員の「一般職（高卒程度）」や地方公務員の「初級試験」を受験する場合、募集要項を早めに確認する必要があります。例年、日程等は大きな変更がありません。試験日が異なれば複数の公務員試験にチャレンジできますので、**前年度の日程を確認し、あらかじめ受験スケジュールを立てるよう、生徒と面談をしておくとよいでしょう。**

✦ | 国家公務員の一般職と税務職員は受付期間が6月中

　国家公務員の一般職と税務職員の受験案内は5月にウェブで公表されます。受付期間が6月中と他の公務員試験と比べて早いので、担任としても注意が必要です。他の専門職、例えば刑務官、入国警備官、皇宮護衛官、航空保安大学校、気象大学校、海上保安大学校などは、6月に受験案内が公表され、7月下旬に受付期間があります。

✦ | 自衛隊への応募は地方協力本部へ

　また、一般曹候補生や防衛大学校などの自衛官への応募については、各地域に自衛隊地方協力本部があり、募集事務所の自衛官が受験案内の連絡や応募の手続き、面接の練習にも協力してくれます。進路指導部と相談しつつ、担任だけで抱え込まないように、情報を共有しておきたいところです。

✦ | 地方公務員の試験はおおむね9月から

　地方公務員の場合は、都道府県庁、市役所、町村役場、警察官、消防士など、それぞれの区分に応じて受付期間が異なりますが、試験はおおむね9月、10月に行われます。地域によって書式も異なりますので、前年度の募集要項を確認することが重要です。

日直・当番・係・委員会のルールと回し方から教室環境整備、HR目標作りまで

　クラス担任として、年度当初のHRですることを紹介します。

年度当初に、日直の仕事や清掃当番を割り振る

　新年度が始まったら、日直の仕事について、説明したり、教室に掲示したり、日直日誌の表紙に書いておいたりして伝えましょう。

　日直の仕事の主なものとして、朝のHRで連絡事項を伝える（内容によっては担任から）、授業後に黒板を消す、授業前後に号令をかける、日直日誌を書くなどです。特に日直日誌は、生徒が受けた授業の様子や一日の活動だけでなく、HR全体の様子を知ることができます。特定の生徒に向けられた記述や、授業担当者に対する不満など、できる限り早めに対処した方がよいこともあります。記述された内容でわからない部分があった場合は、翌日、日直に確認します。

　生徒が書いたコメントには、それに答える形でコメントを書きましょう。また、せっかく生徒が書いた日誌を担任だけで保管するのはもったいないので、HR通信に載せたり、保護者会で回覧したりすると有意義に活用できます。

　清掃当番は、当番表や、ローテーションを示す円形の当番表を作成しておくとよいでしょう。いつ、誰が、どこを清掃するかがわかることが大切です。

　清掃の仕方は、小中学校で経験したり家庭で身に付けてきたりするものだと思っている教員も多いですが、生徒の中には、ほうきの使い方がわからない、掃除機でしか掃除したことがない、雑巾を絞れないという生徒もいます。清掃時間中は教室内にとどまり、まずは生徒にさせてみて、少し手伝う気持ちでアドバイスをするとよいでしょう。教室以外の清掃分担もある場合は、清掃の出欠確認ができる表やカードを班長から清掃監督の教員に渡し、チェックをしてもらうことで、清掃の様子を他の教員にも見てもらうことができます。班長を中心とした活動ができるようにしていきましょう。

係や委員会などの役割の決め方

　係活動や委員会活動は、生徒が役割を果たすという意識を持つために、欠か

せないものです。集団の中で「一人一役」を果たすことが、クラスだけでなく誰かのため、社会のために貢献しようという社会参画意識を醸成し、自己有用感にもつながります。

　係や委員会を決めるときは、お互いを知らない状態で決めるのは難しいので、自己紹介の後に決めるとよいでしょう。中学校や前の学年ではどのような係や委員会をやっていたかを出し合うのもいいですね。

　まずはHR委員を決め、中心となって会を進行します。その後、立候補や他薦などで決めていくことになりますが、複数の生徒が同じ係・委員会に希望した場合は、じゃんけんではなく、話し合いをさせましょう。

　それでも決められない場合は、1人1分程度のプレゼンをさせて投票で決めるという方法もあります。しかし、年度当初の人間関係ができていない時期に投票をすることは、誰が投票したかしなかったかを生徒が知ることで、不信感を持つきっかけになってしまうことがあります。生徒がカウントすることは避け、担任がその場面だけ介入しながら進めましょう。ウェブやアプリなどの集計機能や投票機能を使うことも便利ですが、話し合いをすることがクラスの雰囲気を作ることにもなりますので、できる限り、生徒同士でコミュニケーションを取れるようにサポートしましょう。

　希望した役割につけなかった生徒へは、新たな役割で頑張ってほしいと声かけをし、継続的に励ましていきましょう。さらに、欠席者への配慮も必要です。欠席することが事前にわかっている場合は要望を聞くことができますが、急に欠席した場合は、教室にいる生徒の話し合いが優先され、欠席した生徒が希望しない係や委員会に決まることもあります。その際は、家庭に連絡する際にその経緯を説明し、「希望しない役割かもしれないけれど、きっとできる」と背中を押す一言を添えるとよいでしょう。

　そして、生徒にはクラスの代表として委員会に参加しているという意識を持たせましょう。学校生活をよりよくするために、クラス内で合意形成したことを、学校全体で共有するにはどうしたらよいのかを考えさせてみましょう。

教室環境を整える

　教室の前と後ろに立ってみて、教卓の前に立つ教員や黒板、掲示物がどのように見えるのかを意識して教室環境を整えましょう。前日の教室掃除できれい

になっているはずの黒板が、部活動や委員会活動等で使用されて汚れている場合もあります。その際は、担任自ら掃除をするか、早く登校している生徒に声をかけて雑談をしながら作業を手伝ってもらうのもよいでしょう。

教室内の掲示物が取れていないか、破れていないかだけでなく、期日が過ぎているものは剥がします。机や椅子がまっすぐに並んでいるかどうか確認し、生徒を迎え入れる気持ちで準備をしましょう。教室の電気を付けたり、冷暖房を前もって付けておくと、一日を気持ちよくスタートできます。

とはいえ、勤務時間の都合やその他の業務などで、担任が朝の時間にできない場合は、前日の下校後の教室整備の際にしておくか、学年の他の教員に頼んでもよいでしょう。

クラス目標作り

クラス担任が学級経営方針を示した後、LHRの時間などに話し合いの時間を取り、クラス目標を作りましょう。クラスによって担任の名前の頭文字を使って作ったり、四字熟語を並べたり、流行りの言葉を使ったりとさまざまな案が出てきます。いずれも創意工夫がされていてよいのですが、ここで大切なことは、きれいな言葉だけでまとめる目標ではなく、生徒がどのようなクラスにしていきたいのかという具体的な言葉を入れることです。

例えば、生徒が出す案で「一致団結」があるとします。担任はその言葉をさらに具体的にするように問いかけます。「学校行事で1位になる」と変化したとします。1位になることはいいことですが、それだけではクラスとしてどのようになりたいのかがわかりません。そこでさらに具体化するように問いかけると、「クラス全員の得意なところを活かして、学習や行事で高め合うことができるクラス」のように変化していきます。

このように、生徒が出した案を否定するのではなく、担任が問いかけることによって、生徒の思考を刺激して話し合いが活発になるように工夫をするのです。そして、目標を立てただけで終わるのではなく、日頃の生活の中でその目標が達成できているか、担任から繰り返し働きかけていきましょう。

第 3 章

7月～8月
(長期休業前)

July-August

夏休みを前にして

\#長期休業

　7月は、1学期が終わり、教員も生徒もほっと一息つく時期です。学校にもよりますが、4月からここまでを一区切りとしている学校も多いと思います。そして8月は長期休業中ということで、教員研修や2学期の準備等、普段授業がある時にはなかなか取り組めない仕事をする先生方も多いのではないでしょうか。

✦ | 1学期中に伝えそびれ等がないように

　長期休業に入ってしまうと、クラスの生徒全員が一堂に会することはないでしょう。クラス全体に伝えておかなければならないことや、渡しておかなくてはいけないものは、滞らないようにしておきましょう。**特に事務室も含めて学校が休みになる学校閉庁日や、2学期の始業式については確実に伝えておきましょう。**

✦ | 2学期の準備をしつつ、自己研鑽を

　長期休業は、教員も心身ともにリフレッシュする機会です。リフレッシュしながら、2学期の準備をしたり、自己研鑽に励みましょう。2学期の準備としては、教室内の環境整備や、授業準備が挙げられます。また、**さまざまな研修に参加して教員としての自分のスキルを磨くのもよい**と思います。長期休業の時間を有意義に使っていきましょう。

> 自治体にもよるかもしれませんが、私の高校では夏休み中の研修一覧が教員に周知されます。それに参加してもよいですし、民間企業が主催している研修に参加してみるのもおすすめです。もちろんリフレッシュも必要です。私は温泉が大好きなので、サウナや温泉巡りをしてリフレッシュしています。

July-August

#面談 #進路

模擬試験後の二者面談

　この時期に模擬試験を実施する学校も多いと思います。結果を受けて、一喜一憂している生徒が多いのではないでしょうか。1年生や2年生は、受験が直前ではないので、そこまで意識していないかもしれません。しかしながら、3年生にとっては、この時期の結果は非常に影響が大きいものです。

✦ 1・2年生には模試の活用の仕方を伝える

　1・2年生については、面談の中で、試験結果の見方や勉強の仕方の改善を伝えます。「**どの教科が得意で、どの教科が苦手なのか**」を意識させ、さらに細かく分野や単元のレベルにまで掘り下げて支援していけるとよいです。生徒は模試の結果に対して「偏差値」や「合格可能性の判定」しか見ていない場合もあるので、3年生になる前に**模試の結果の活用方法を伝えておきましょう**。

✦ 結果が思わしくない3年生には精神的なサポートをする

　3年生に対しては、受験が目の前に迫っているので、模試の結果がかなり自分事になっているはずです。結果がひどくて落ち込んでいる生徒もいるかもしれません。その場合は、生徒の気持ちに寄り添い、適切な支援をしてあげてください。夏休み前であれば、「**これから夏休みでたくさん勉強できるから、少しでも志望校合格に近づけるように頑張ろう**」等と元気づけるとよいでしょう。学習の継続や点数アップへの助言も必要ですが、**精神的な部分のサポートもしてあげましょう**。

`July-August`

#保護者 #面談 #進路

保護者会・三者面談に向けて

　保護者会や三者面談は、生徒や保護者と信頼関係を作る上で、とても大事な行事です。4月から忙しい日々が続いていますが、丁寧に準備しましょう。

✦ | 保護者会ではお土産を用意する

　勤務校の先輩に準備している資料を見せてもらったり、学年内の他クラスがどのようなことを実施する予定なのか確認したりするなど、自分ひとりの力で進めるのではなく、なるべく多くの人の力を借りながら進めるのがよいでしょう。保護者会では、<u>写真などクラスの様子がわかるものや、担任の自己紹介資料などを用意すると有効</u>です。

　保護者としては、クラスの他の生徒たちがどのような様子なのか気になるようです。<u>時間があれば、グループ懇談の時間を設けて、保護者同士がつながる機会にもできるとよい</u>と思います。

✦ | 三者面談の後半で担任・保護者だけで話す時間を設ける

　三者面談では、<u>進路希望が親子で一致しているのか、進学などに関する費用について確認をすることは必須</u>です。一致していなければ、それぞれの希望などをメモしておき、今後の親子での対話を促すとよいでしょう。

　面談では、生徒に事前資料を作成するように促し、その資料を確認しながら進めていくと時間的にもスムーズに進みます。例えば、「どの大学を第一志望にするのか」、「滑り止めの大学は何校受けるのか」、「浪人は可能なのか」等です。また、三者面談の後半には、生徒を退出させて<u>担任・保護者のみで話す時間を設ける</u>ことをおすすめします。保護者と一対一で話す機会は貴重なので、生徒に気をつかわずにリアルな意見を聞くことも可能です。保護者との信頼関係が少しでも前進するように丁寧に進めましょう。

[July-August] #進路

文理選択はしっかりと意向を確認する

　学校によって、文理選択をしてクラスを分ける学校もあると思います。多くの学校では、1年生のときは文系・理系混合でクラス分けをして、2年生や3年生になったら、文系・理系でクラスを分けるという方法をとっているようです。

✦ | 文理選択が2年生以降である理由

　文理選択が2年生以降である理由としては、「自分が文系なのか理系なのかわからない」「そもそもどのような進路に行くのか定まっていない」という状況では文理選択はできないからです。そのため、**1年生では文理科目どちらも学習し、自分の特性を見ながら、進路を見定め文理選択をします。**

　なお、昨今の教育界では「文理の壁をなくしたほうがよいのではないか」「リベラルアーツ教育を進めていくのであれば文理で分けないほうがよい」などという意見も出てきています。今後は文理の壁がなくなっていくかもしれません。

✦ | 文理の変更をしたいという生徒への対応

　しかし、現在ではまだ科目選択によって文系・理系を分けている文理選択が残っている学校も多いので、留意したい点をお伝えしておきます。それは、文理選択した後に、自分の特性に気が付き「クラスを変更したい」という生徒が出てきた場合です。柔軟に対応する学校もあるかもしれませんが、**教科・科目の開講人数等にも関わってくる問題なので、ほとんどの学校では「いつでも文理変更可」とはしていない**はずです。あくまでも変更はイレギュラーな対応にしておくようにしましょう。

　文理選択時は、このようなトラブルにならないよう、保護者も交え三者面談等でしっかりと本人の意向を確認しておきましょう。

`July-August`

\#生徒指導 \#教務

転学を希望する生徒への支援

　入学した生徒の中には、生活リズムが整わずに朝から学校に行けなくなってしまったり、一家転住が決まったり、学校になじめなかったりして、転学を希望する生徒も出てくることでしょう。担任としては、生徒と面談し、現在どういう状況であるのかしっかり事実確認をするところから始めましょう。

✦ │ 進路変更も受け止めて生徒に寄り添う

　転住などの物理的な理由でない限り、一般的には「もう少し学校生活を頑張ってみよう」「まだ新学期が始まったばかりじゃないか」などの声掛けをすると思います。もちろん、その声掛けが間違っているとは言いません。しかし学校生活に不満を感じている生徒を、**今の高校に長く在籍させることだけが正解ではありません。生徒の価値観も多様です。入学した全ての生徒が満足する学校は稀**でしょう。そのことをしっかり意識して進路変更も視野に生徒に寄り添い、考えていきましょう。

✦ │ 生徒の幸せを一番に考えて転学先を検討する

　私たち教員が考えるべきことは、「**目の前にいる生徒の状況を考えたときに、生徒にとって何が一番幸せか**」ということです。答えが一つではないことを意識しながら支援していくことになります。転学は学校を移ることになるので、転学先の学校を探すところから始めなければいけません。学年制の高校もあれば単位制の高校もあります。進学に特化しているところもあれば、部活動を頑張っているような学校もあるでしょう。**生徒がどのような学校で再スタートしたいのか、一緒に考えてあげることが大切**です。

#保護者 #生徒指導

トラブルが起きたときの保護者への連絡

　7月で期末考査も終わり、長期休業に入ることもあり、生徒の気持ちは高ぶっていることでしょう。そういうときにこそ問題が起きやすくなります。保護者との関わりは、4月から継続していると思いますが、できれば問題が起こる前に対応できるとよいですよね。

✦ 普段から同僚と情報を共有しておく

　問題が起こる時間帯はさまざまで、担任が認識しているHR時だけに起こるわけではありません。授業時間中だったり、放課後の部活動の時間だったりします。**担任が把握できないことは、他の先生と情報を共有しておくことが大切です**。「この間の授業のとき、隣の生徒と口論になっていた」「所属する部活動でレギュラーになって喜んでいた」等、HRではわからない生徒の情報を聞いておくのです。そして、必要があれば、生徒に話しかけるとよいでしょう。

✦ 保護者と情報を共有する

　学校で起きた全ての情報を保護者に伝える必要はありません。それをしてしまうと、クラス全員の保護者と連絡を取ることになってしまい、それだけで一日が終わってしまいます。**主に保護者に連絡するのは、生徒の様子がいつもと異なるときやトラブルが起こったときです**。この時期に三者面談を行う学校も多いでしょうから、その時に伝えてもよいかもしれません。

　では、いったいどういうことを伝えればよいのでしょうか。例えば、「いつも遅刻しないで学校に来る生徒だったのに、最近毎日遅刻や欠席をしている」等です。これは、明らかに様子がおかしいので、生徒と直接話したり、保護者に連絡する必要があります。また、生徒同士のトラブルで相手生徒にけがをさせてしまった場合などは、すぐに状況を把握し、保護者に連絡しましょう。

`July-August` ●●　　　　　　　　　　　　　　　　　　　#進路　#長期休業

インターンシップ先を探す

　国立教育政策研究所の調査によると、設置主体別の実施率は国立高校では少なく、公立高校では８割以上、私立高校では半数以上が実施していることがわかりました。また、公立高校（全日制・定時制）では、２年生で体験している割合が高く、体験日数は「１日」が最も高く、４割を超えていました。

✦ │ 生徒が自信を持って臨めるようにサポートする

　インターンシップは、働くことについて学ぶ機会になりますし、「リアルな社会」を知るきっかけにもなります。学校の取り組みとして行われている場合、担任としても生徒が有意義なインターンシップを経験できるよう、**円滑なコミュニケーションの基礎となる「挨拶」の重要性や、場面に応じた「会釈」「敬礼」「最敬礼」の使い分けを説明**しておくとよいでしょう。

　また、心配な生徒には、放課後に個別面談を実施して、生徒が不安に思っていることを話してもらったり、インターンシップの注意事項を改めて伝えたり、**生徒が自信を持って取り組めるようにサポートする**ことを心がけたいところです。

✦ │ 生徒自身でインターンシップ先を見つけるのも可能

　学校としてインターンシップの取り組みが行われていなくても、**夏休みや冬休みなどを活用して、生徒自身でインターンシップに参加することが可能**です。生徒が地域の企業に直接依頼することで、受け入れ可能な企業を見つけることもできます。夏休み前に、積極的に地域と関わりたい生徒に声をかけることもおすすめです。

July-August ••

#進路 #長期休業

事業所に行く場合の注意事項

　職場見学やインターンシップなどで事業所（会社等）に行くことがあります。生徒にとって初めての事業所訪問の場合、緊張するかもしれません。大切なのは事前準備です。

✦ ┃ 自宅からの道順や手段をしっかり確認しておく

　まず、「いつ（日時）」「どこに（場所）」「どのように（手段）」「誰を（担当者）」を明確にし、事業所への道順を調べます。**日時や場所を間違えると、信頼を失うだけでなく今後の選考にも影響します**。何度も確認させましょう。

　手段は、電車やバスの時間や徒歩でかかる時間を調べます。求人票に載っている情報や、インターネット等で調べた情報ではわからない部分もありますので、**事前にできるだけ同じ時間に下見をしておきましょう**。

　できれば複数人で行くと、一つひとつ確認しながら行けるのでおすすめです。同じ事業所を受ける人や保護者の方についてきてもらうとよいでしょう。

✦ ┃ 当日、遅延などを想定しておく

　雨の場合や通勤ラッシュ等で交通機関に遅延が生じた場合等を想定して、余裕を持った時間で計画を立てましょう。事業所側から時間を指定される場合もありますが、**10分前には事業所の前に到着するようにしましょう**。早く着きすぎても迷惑になりますし、時間ギリギリに到着すると気持ちがあせってしまいます。

　しかし、どうしても遅刻してしまいそうな場合があります。**遅れそうな場合は、学校の進路担当教員から事業所に遅れる旨を連絡することを生徒に伝えておきましょう**。そうすることで、遅れた事情を説明するときに、「○○様に本校の△△先生から連絡いたしました」と言うことができます。

第3章
7月～8月（長期休業前）

Japanese July-August

#生徒指導 #ICT #長期休業

長期休業中の連絡先を把握し共有する

夏休みは、生徒たちにとって大切な時期です。生徒たちが学校から長期間離れるため、トラブルや事故、非行なども含めてさまざまなことが起こっても、なかなか学校側も把握ができません。教員も部活動や出張、リフレッシュなども含めて、学校に出勤しない日が増えます。問題が起こっても対応しにくい期間になってしまいます。

✦ | 生徒によっては定期的に状況を確認する

家庭に安心できる居場所がない生徒にとっては、長期休業はかなり苦しい期間になります。何か課題がある場合、孤独で暗い気持ちになりがちです。夏休み中は、<u>学校が生徒の全ての責任を負う必要はありませんが、生徒によっては連絡を取り合うなどの状況確認は必要</u>です。

そこでおすすめなのが、学校で使用を認められている連絡ツールや、プラットフォームを活用することです。筆者はGoogle classroomを使用していますが、これらを用いて、そこでは生徒と個別でやりとりをすることが可能です。もちろん電話連絡などもよいですが、<u>電話よりもハードルが低く、継続的に生徒と関わることができます</u>。1学期のうちに、連絡することや日取りなどを伝えておくと、スムーズに進めることができるでしょう。

✦ | 過干渉になりすぎないように注意する

長期休業中にも生徒に定期的に連絡をして、状況を確認することは大事な教育活動です。<u>ただ、過干渉・過度な接触にならないように、生徒の様子を見ながら、適宜、保護者や他の教員、管理職、養護教諭、スクールソーシャルワーカーなどの専門家と連携をとって、進めていく</u>とよいでしょう。

July-August

夏期講習の開催

#生徒指導 #長期休業

　夏期講習については、教員間の調整が非常に重要になっていきます。約40日の夏休みの期間、どの時間帯にどの教科を開講するのかを考えなければならないからです。

✦ | 夏期講習のスケジュール計画の立て方

　教員側の都合はもちろんのこと、**生徒が受講しやすい時間帯も考えなければなりません**。同じ時間帯に複数の講座が被っていたら、その中で一つしか受講することができません。多くの学校では、進路指導部が音頭をとってまとめてくれるようですが、教員同士でも情報を共有しておくとよいでしょう。

　例えば、午前の部活動が始まる前の時間に夏期講習を行うこともできます。夏休みは生活リズムが崩れやすいので、生活リズムを意図的に作るためです。また、部活動を一生懸命にやっている生徒も受講することが可能になり、教員自身も講義した後に部活動に行くこともできます。

✦ | 夏期講習の内容と難易度の設定

　また、難易度の設定も非常に重要です。**1年生〜3年生向けに夏期講習を展開する場合もあれば、3年生だけに特化して夏期講習を行う場合もあります**。どちらにせよ講座の難易度調整は必要です。

　例えば、国語で言えば、「現代文（評論・小説）、古典（古文・漢文）、小論文」等があり、種類だけでも複数あり、さらに初級、中級、上級で分ければ数も増えます。教科担当者で相談しながら講座設定をすることが必須になるでしょう。**生徒のニーズを把握するために、事前にアンケートをとるのも非常に有効**です。

July-August

#学校行事 #長期休業

勉強合宿の開催

　進学校では夏休み中に勉強合宿を実施する学校もあると思います。大学進学という同じ志を持った仲間と勉強することは非常に有意義なことでしょう。

✦ 勉強はひとりよりも仲間と一緒のほうが頑張れる

　よく「受験は団体戦」だと言われますが、理由としては、<u>**ひとりで孤独に勉強できる生徒は少ない**</u>からではないかと思います。ひとりで勉強していると、「私ばかり苦しんでいる気がする」「相談できる相手もいない」というようなマインドに陥り、勉強が継続できないということが起こります。

　皆が同じ方向に進んで頑張っている環境であれば「仲間が頑張っているから、私も頑張らなくちゃ」「絶対同じ大学に行こう」等、前向きな発言やコミュニケーションがとれたりします。このような理由から「受験は団体戦」と言われてきたのでしょう。そのように考えれば、勉強合宿はその最たるものであり、非常に効果的と言えます。

✦ 夏休みの序盤に合宿をすることでモチベーションを高める

　勉強合宿の時期ですが、終業式が終わってすぐに出発する形が一番よいと思います。夏休みまでは学校の授業もあり、自分が計画しなくても自然に学習のリズムが作られていました。しかし、夏休みはその制約がないので、自分で学習計画を立てコントロールしていかなければなりません。

　その部分をサポートし、<u>**これから始まる長い夏休みを計画的に過ごすために、序盤に合宿をするのが効果的**</u>なのです。ただ、「予備校に通っているので学校の合宿は行けません」という生徒もいるので、決して無理に参加を求める必要はありません。勉強合宿の目的は「それぞれが学習計画を立て、夏休みに継続して勉強するモチベーションを高める」ということですから。

July-August　#進路　#長期休業

〈3年生〉新規高卒者の求人票が公開される

　新規高卒者の求人票が公開されるのは7月1日です。求人票が公開されると、高校3年生の就職活動がいよいよ始まったと、担任としても身が引き締まります。しかし、7月であれば、まだ「何となく就職したいなあ」という曖昧な気持ちの生徒も多いのではないでしょうか。

✦│高卒者には「一人一社制」がある

　昨今は少子化と労働人口の減少が相まって、高卒の求人倍率が3倍を超え、大卒の求人倍率よりも高くなっています。ただ、高卒求人の場合は、大学生と違って「一人一社制」があるので、<u>人気企業への就職を考えている生徒には、9月の応募解禁までに求人票をピックアップし、履歴書の準備を進めるよう声掛けをすることが大事</u>です。

　生徒が高校生の間にどのような経験を積んできたのか、そして企業で働いたときにどのような貢献をしたいのか、<u>履歴書の志望動機の欄を何度も書かせ、面接試験の準備も同時に進めさせましょう。</u>

✦│夏休み前に求人票を見て、夏休みに職場見学を

　「何となく就職したい」という生徒にも、担任から「今年の求人票を一緒に見てみよう」といった声掛けをするのが効果的です。厚生労働省職業安定局が運営する「高卒就職情報WEB提供サービス」を活用すると、産業や希望地、賃金、社宅の有無など、働くときの条件設定ができるので、生徒は高校を卒業して社会人になったときのイメージを持ちやすくなると思います。

　<u>夏休みに入る前に、少なくとも一度は求人票を見て、夏休みの職場見学につなげるように、面談する</u>ことをおすすめします。

July-August　　　　　　　　　　　　　　　　　　　#進路　#長期休業

〈3年生〉公務員への応募指導

　国家公務員試験の応募は、「一般職（高卒程度）」と「専門職（税務職員）」は受付期間が6月中、他の専門職や地方公務員の受付期間は7月から8月がほとんどです。ウェブでの出願や、地方自治体によっては直接持参するケースもありますので、担任としても生徒と一緒に募集要項を注意深く点検するとよいでしょう。

|「面接カード」はいわゆるエントリーシート

　多くの公務員試験の場合、応募書類の一つに「面接カード」があります。いわゆるエントリーシートと同様のもので、**事前に志望動機などを記入し、一次試験の当日に提出する場合が多い**です。自治体によって、定められた期間内にウェブからダウンロードする方式もあれば、一次試験当日の筆記試験後に、その場で記入させるケースもあります。

| 公務員への志望動機を話せるようにサポートする

　面接カードは、二次試験の面接試験の参考資料とするもので、形式も地方自治体によって異なります。面接カードそのもので合否が決まるものではありませんが、あらかじめ準備が必要です。
　「なぜ○○県の公務員を目指すのか」「○○市の職員としてどのような貢献を考えているか」「学校生活で印象に残っていることは何か」「自己PR」など、公務員試験の区分によって質問項目はさまざまです。**生徒が公務員としての自覚を言語化できるよう、担任として志望動機の点検や面談を通してサポートすることが重要**です。

July-August　　　　　　　　　　　　　　　　　　　　#進路　#長期休業

〈3年生〉就職希望者に職場見学を促す

　就職希望の生徒を進路指導部の就職担当教員に任せるという学校が多いかもしれませんが、担任としては、一人ひとりの進路活動状況を把握しておきたいところです。**就職選考前に、職場見学を応募の条件にしている企業もあります。**就職担当教員と一緒に、ダブルチェックの意味を込めて、求人票で職場見学が可能かどうかを確認しましょう。

✦ | 職場見学はミスマッチを防ぐ大事なもの

　学校を通した就職斡旋であれば、行政・教育機関・経済団体の三者による申し合わせがあるため、企業が生徒と直接やりとりすることが原則できません。そのため、**応募前の職場見学は、企業がどのような業務を行っているのかを直接見ることができる機会**にもなっています。生徒と企業のミスマッチによる早期離職を避けるためにも、**生徒に職場見学に申し込んだかどうか声をかけ、必要に応じて面談の時間を設定する**とよいでしょう。

✦ | 職場見学のポイントを生徒自身に考えさせる

　職場見学では、他の職場とどのような違いがあるのか、あらかじめ見るべきポイントを整理しておくことが望ましいです。生徒と面談をする場合、**「職場見学でどのようなことを知りたいのか」と生徒に質問し、生徒自身の言葉で職場見学のポイントをまとめさせたい**ところです。

　そして、生徒に助言するのであれば、「挨拶を大事にする」ことを伝えてください。「おはようございます」「ありがとうございます」「失礼します」「すみません」。この「おあしす」を言えることが、社会人として求められるからです。

第3章　7月〜8月（長期休業前）

63

`July-August`　　　　　　　　　　　　　　　　　　　#進路　#教務

〈3年生〉調査書作成の準備を始める

　3年生の担任の場合、できれば6月から、遅くとも7月中には調査書（進学・就職）の作成の準備を始めます。調査書を作成するにあたっては、生徒一人ひとりの良い部分をきちんと把握することが重要になります。

◆ 生徒の良いところを普段から見つけておく

　調査書作成にあたっては、**必ず生徒の良い部分を見つけておくことが大切**です。一番手軽にできる方法は、日々のHRにおける生徒との関わりやクラス単位で関わる学校行事だと思います。しかし、全ての生徒と深く関わる時間を確保することが難しい場合もあります。

　そのような場合は、**教科や部活動を担当している教員の力を借りるのも一つの方法**です。例えば、関係のある教員から見た生徒の状況を紙面に記入してもらうことで、生徒の様子を把握することができます（逆に心配な生徒の把握にもつながるのでおすすめします）。

◆ 資格や趣味・特技は生徒にアンケートを行って情報を集める

　また、調査書には、生徒の資格取得や趣味特技についても記入する必要があります。これらの情報収集は、直接生徒が記入できる用紙を使って行いましょう。**資格については取得した日付の記入も必要になるため、合格書類を提出**してもらい、忘れずに調査書への記載を行います。

　そして作成した調査書の点検については、必ず複数人で行いましょう。調査書は学校外に出るものですから、間違いがないようにしたいものです。

保護者に連絡する場合のポイント

　担任をしていると、クラスの生徒のことで保護者と関わることが多くあります。例えば、定期的に行われる三者面談やPTAの集まりです。その他にも、生徒の欠席が多くなってきた場合や、成績に不安があるときなどに担任から連絡をとることもあります。

　このように保護者と接する中で、その接し方に悩んでいる教員も多いのではないでしょうか。ここでは、実例を挙げながらポイントを紹介していきます。

定期的な三者面談（対面）

　三者面談については、どの学年でも一回は必ず実施されているのではないでしょうか。学校によっては、配布する資料や伝える内容も決まっていて、学校側から保護者に情報を伝える場のようになっている学校もあるでしょう。

　もちろんそれは必要なことではあるのですが、生徒自身のことにも触れてあげることをおすすめします。全ての保護者に同じ内容だけ話すのであれば、何も三者面談をする必要はありません。保護者は、我が子の学校での様子や、学習への取り組み方などを聞きたいのです。その部分をぜひ強調して話しましょう。

時間を守り、身だしなみを整える

　三者面談の際、ついつい話が長くなりすぎて次の保護者を待たせしてしまうこともあるかもしれません。それを予防するために、資料等については、前もって教室の外に並べておいて見ていただいたり、確認事項がたくさんある生徒については、面談日の一番最後に予定するなどの工夫が効果的です。

　もちろん、大前提には、「清潔感、笑顔、言葉遣い」等があることも忘れてはいけません。いくら話している内容が立派であっても、清潔感がなく、仏頂面で、言葉遣いもなっていないと、内容も霞んでしまいます。採用試験を受験した時のように、身だしなみにも気を付けながら対応していきましょう。

学年と時期による電話の仕方

　保護者へ電話連絡をするときには、保護者が電話に出やすい時間帯を意識して電話をしましょう。事前に「生徒環境調査票」等を見て、保護者の状況を確

認しておくことも有効です。

　電話で連絡する際は、原則、学校の静かな場所から連絡しましょう。騒がしい場所で連絡をすると、相手に不快な思いを与えますし、伝えてはいけない内容の声が聞こえてしまう場合もあります。事前に周りの教員にも電話する旨を伝えておくとよいかもしれません。

　基本的に、電話をするときは、あまり良くない情報を保護者に伝える場合です。しかし、すぐに本題に入り、保護者に情報を共有して終わりというだけでは、保護者もいい気持ちはしません。「事務的で冷たい感じがする」からです。実際に、丁寧な言葉遣いで保護者に対応し、事実を淡々と伝えていた同僚は、保護者からそう言われたそうです。この場合、電話の際に「最近〇〇さんはご家庭ではどのような様子ですか？」「最近〇〇さんは、△△の授業を頑張っていて」など、ふだんの様子や頑張っている部分も一緒に報告をするとよいでしょう。

生徒情報の管理は慎重に

　教員をしていると、業務上で知り得た情報があります。その情報については、他者に漏らしたり、不正に利用したりしてはいけません。当たり前といえば当たり前のことですが、実際そのような状況になったら、判断を間違えたりするものです。

　例えば、「AさんとBさんがケンカをして、AさんがBさんを傷つけてしまった」としましょう。Aさんの保護者から、「Bさん及びBさんの保護者に謝罪をしたいから、電話番号や住所を教えてほしい」と言われたとします。謝罪目的であれば、連絡先を教えてもよいだろうと考えがちですが、そうではありません。この場合は、先にBさんの保護者に連絡を取り、Aさんの保護者に連絡先を伝えてもよいかどうか確認をとるべきです。良かれと思って勝手に伝えてしまうことによって、新たなトラブルになるかもしれません。個人情報の取り扱いには細心の注意をはらいましょう。

第4章

8月〜9月
（長期休業〜明け）

August-September　●●　　　　　　　　　　　　#長期休業

夏休みにしておくべきこと

　長期休業の時間は、教員にとっても貴重な時間です。この限られた時間を自分自身のために使うことも忘れずにしましょう。

✦ | クラスの人間関係を整理する

　8月は、9月以降に行われる行事を見据えた準備を進めていくことが必要です。**例えば、文化祭や体育祭といったクラスの団結を深める機会となる行事が控えている場合は、行事が成功するための準備を始める**ことです。

　例えば、生徒たちの様子を振り返り、人間関係の問題を整理することで、<u>トラブルとなる問題がないかを見直す</u>ことも必要です。

✦ | 教室の環境を点検し、整備する

　また、教室の環境整備もこの時期に行うことが望ましいと思います。**教室内の備品に破損や修繕が必要となる箇所がないか、掲示物や案内の情報が古くなっていないかを確認します。**毎日使用する教室だからこそ、この時間を使って点検することで、9月以降の教室環境はより良い形になることでしょう。

✦ | 教員自身の体調を整え、リフレッシュする

　そして、学校再開の1週間前からは、教員自身の健康管理にも気を付けます。日頃の疲れなどが溜まっている場合は、この時間の中で気分転換を行いましょう。教員も生徒も夏休みにしっかりと自分と向き合い、9月以降のパフォーマンスが高まるようにしましょう。

August-September

模擬試験の振り返り（進学）

#進路

　模擬試験（以下、模試）は、進学校ではどの学校でも取り入れており、学校で受験するという生徒も多いと思います。また、進学校ではなくても、自分で会場まで行き、受けているという生徒もいるでしょう。

✦ **1 模試が返ってきたらどのようにすればよいか**

　そんな模試ですが、どのように振り返りを行えばよいでしょうか。夏休みが終わった後、模試が返ってきて、「夏休みにあれだけ頑張ったのに成績が伸びていない」などということもあります。しかしながら、夏休みに勉強を頑張るというのは、全国の高校生も同様です。ここで振り返りたいのは、自分自身がどこで間違えているのかということです。

✦ **1 模試は勉強方法や学習内容を見直すためにある**

　勉強した範囲を間違えているのか、それとも学習した範囲外から出た問題を間違えているのかで大きく異なります。前者であれば、勉強の仕方を工夫しなければなりませんし、後者であれば、その範囲を新たに学習しなければなりません。つまり、自分の勉強方法や学習内容を見直すために模試を受けているのです。どうしても、教科・科目の点数や偏差値、合格判定等に目がいきがちですが、分野別に採点してくれて、解説もしっかりしている模試をそれだけで終わらせてしまうのではもったいないです。事後の学習につなげられるようにしましょう。

　そのためには、受験した模試は全てファイリングし、時間が経過した後に、また振り返れるようにすることも大事です。模試は1回解いて終わりではありません。2回、3回解くことで身に付きます。復習も計画的に行いましょう。

August-September　　　　　　　　　　　　　#生徒指導　#進路

自己分析と職業理解

　生徒は自分のことをどれくらい理解できているでしょうか。私たち教員でさえ、自分のことをしっかりと把握できているという人は少ないと思います。
　自己分析をするためには、まとまった時間が必要になりますが、自己分析をすることで自分自身の理解が深まります。

✦ 1週間の生活を振り返り、分析する

　まずは最近1週間の生活を振り返ってみましょう。**朝起きてから寝るまで、自分は何に時間を使って生活しているのかを明確にする**のです。ここでは、大きくざっくりと把握するのではなく、電車に乗っている間や、寝る前のほんのわずかな時間等も含めて洗い出してみると効果的です。
　意識的に活動していることについてはすぐに思い出せたりするのですが、無意識の部分は思い出すことが難しいと思います。日記をつけている人は見返してもよいですし、スマホのアプリ使用頻度等から考えてもよいかもしれません。最初の1週間ができたら、1か月、1年と広げていき「**自分は何に多く時間を使っているのか**」「**何に幸せを感じているのか**」を見つけてみましょう。そうすることで、**自分がどんな仕事に向いているのかも考えることができます。**

✦ 興味がある職業の人の一日の過ごし方を調べてみる

　これは職業理解にも応用できます。その職業についている人は、一日どのような過ごし方・働き方をするのか？1週間では？1年では？と考えていくのです。そうすることで実際に就職した際の生活が見えてくるでしょう。
　そのためには、本やインターネットを活用することはもちろんですが、実際に働いている人に会いに行くのが一番です。気になった職業については調べ上げ、実際に足を運んでみましょう。

August-September　　　#進路　#長期休業

夏休みはオープンキャンパスへ（進学）

　夏休みはオープンキャンパスがたくさん実施されています。専門学校や大学等、さまざまな学校で行われるので、志望校に足を運んでみるように勧めましょう。

✦ 1・2年生のうちに足を運ぶのが大事

　オープンキャンパスは、学校によっては夏休み中の課題になるくらい重要なイベントになります。1・2年生のうちは「面倒くさい」「部活動で忙しい」という生徒もいるかもしれませんが、**実際にここで行っておかないと、学校の比較ができず、3年生になってから志望校を選ぶことができません。** 1校でも2校でも可能な限り足を運んでみるように促します。

　3年生は、受験勉強の真っ最中でもあるので、オープンキャンパスに行っている余裕はないという生徒も多いと思います。しかし、ここで志望校に再度行ってみると、「絶対この学校に通いたい」といったモチベーションが上がり、その後の勉強がはかどる場合もあります。

✦ 生徒自身で選び、ひとりで行くように勧める

　ここで、全学年通じての留意点があります。それは「友達に流されて一緒に行かない」ということです。初めて大学等に行くのは緊張するかもしれませんし、電車を間違えてしまうかもしれない不安から、複数人でオープンキャンパスに行こうと考えるかもしれません。しかし、皆同じ志望校であったとしても「その大学で知りたいことや確認したいこと」「体験授業で受けたいもの」は異なるはずです。自分の進路がかかっていることなので、生徒自身で選び、オープンキャンパスでは自由に行動することが大切です。

August-September　#保護者　#面談　#長期休業

夏休み中に保護者と面談をする場合

　長期休業期間において、保護者と関わる場合は、さまざまな状況が考えられます。例えば、「1学期の成績が振るわなかった場合」「学校になじめず進路変更を考えている場合」等です。いずれにしても、面談を行う場合にはポイントを明確にして話を進めていくことが大切です。

✦｜長期休業中の面談はじっくりと丁寧に

　普段の面談と異なり、長期休業中に面談を行う場合は、進路に関わる話になることが多いです。通常の面談とは異なり、全ての生徒と面談を行うわけではないので、一人ひとりとじっくり話しましょう。その理由としては、冒頭でも書きましたが「成績不振による内容」か「進路変更に関わる内容」が多いからです。**これからの進退にも関わる面談になる場合もあるので、しっかり時間をとって話すことが大切**です。

✦｜生徒との良好な関係が、保護者との関係にも影響を与える

　保護者と面談を行う前に、普段から生徒と関係を深めておくことが大切です。というのも、生徒と教員の関係が良くないと、それが保護者にも影響してくるからです。**三者面談で保護者と込み入った話をする場合には、事前に該当生徒と話をしておき、三者面談で取り上げる内容について伝えておくとよい**かもしれません。生徒本人に関わることなので、先に生徒と話をすることは特段おかしいことではないですし、生徒も内容を知ることができて安心すると思います。

`August-September` ●● #面談 #生徒指導 #教育相談 #長期休業

夏休み明けに配慮すべきこと

　夏休み明けにはとにかくさまざまなことが起こります。勉強や部活動などに専念できて、充実した期間になった生徒もいるでしょう。しかしその一方で、生活が乱れたり、勉強や部活動が思うようにできなくて、つらい時期を過ごしたりした生徒も一定数いるでしょう。

✦ | 夏休みの声掛けは生徒一人ひとりの状況を配慮する

　生徒たちの家庭の状況が良くない場合は、かなりしんどい時間が続いたことになります。また、経済状況によっては、長期休業中の体験格差も生じがちです。家族で旅行などをした生徒もいれば、金銭的に厳しくて何もできなかった生徒もいます。ですので、夏休み明けには、さまざまな配慮が必要になります。<u>声掛けの内容によっては、生徒を追い込む可能性もあるので、十分に配慮することが望ましい</u>でしょう。

✦ | 面談で生徒と対話をして様子を聞き、情報を集めることが大事

　新学期になってしばらくは、夏の暑さも続きますし、生活のリズムも変わるので、無理しないように声掛けを行いましょう。3年生にとっては、就職試験や指定校推薦など、シビアな時期が続きます。それらのサポートをしながらも、体調管理や、リフレッシュすることの大切さなども伝えましょう。

　夏休み明けには、なるべく面談の時間を設けたり、雑談を通じて生徒の様子を聞くことが、とにかく大事です。<u>生徒の身なりや言動など、些細な変化が起こることも多い</u>からです。そういった変化をなるべくキャッチできるように生徒を観察しましょう。部活動の顧問などに、生徒の様子を聞くことも有効です。生徒に関する情報をなるべく集めて、今後の対応を相談しながら、進めていくとよいでしょう。

August-September

#学校行事

文化祭の意味

　文化祭は、学校行事の中でも大きな行事の一つである学校が多いのではないでしょうか。学校行事の目標は、よりよい学校生活を築くための体験的な活動を通して、集団への所属感や連帯感を深めることとされています。文化祭は、準備をする期間が長めに設定されており、この期間こそが特別活動における生徒の資質・能力の育成に結びついています。

✦ | クラス発表を行う場合のポイント

　例えば、クラスで発表を考える場合、どのような発表を行うのか決められた条件の中で話し合うことになります。クラスにはさまざまな生徒がいることを前提とし、今のクラスでできる方法を実行委員と共に考えていきます。**全員が何らかの形で発表に関わることがとても大切です。**

✦ | 意見の衝突も成長のチャンス

　話し合いでは互いに意見がぶつかり合うことも予想されます。意見が衝突することを事前に回避することも一つの方法ですが、**衝突してしまった場合こそ、成長のチャンスです。話し合いを念入りに行うようにしましょう。**担任は、くれぐれも発言力の強い生徒の意見に流されていないかを気を付けて見守ることです。

　時としては、担任自身の熱が入りすぎてしまい、生徒との距離感が近くなりすぎてしまう場合があります。程よい距離感を保ち、担任ひとりでは対応できない問題が発生した場合には、学年間における連携も頼りましょう。

`August-September` `#学校行事`

文化祭に向けた企画立案

　文化祭は、体育祭と異なり、クラスのカラーを出すことのできる行事です。では、クラス独自のカラーはどのようにして引き出せるのでしょうか。

✦ **| 学校全体のテーマに沿いながらカラーを出す**

　文化祭は、大きなテーマのもとで各クラスが企画立案をします。**学校全体のテーマに沿った企画立案となっているか確認をしながら進めていく**必要があります。その上で、それぞれのクラスにおいて、演劇・合唱やクラス展示、模擬店といった企画にさまざまな形でクラスのカラーを発揮していきます。

　また、この企画立案の段階で、**担任と生徒たちが同じ方向を向いていることがとても重要**です。

✦ **| 実行委員の存在を大切にし、一歩引いて見守る**

　クラスにおいて文化祭の準備を引っ張っていく実行委員の存在も大切にしなくてはなりません。**実行委員と担任との良好な関係を構築することが、クラスの取り組みの成功につながります**。担任は、準備を進めていく段階で、ついつい口を挟んでしまいがちです。しかし、生徒の自主性を尊重し、伝えたいことをグッと堪えることを心がけましょう。**一歩下がった距離感で見守り、生徒たちから求められたら相談にのる**くらいがよいのです。

> 「先生！私のクラスでは、文化祭の企画がまとまりません」と相談してきた生徒がいました。そのクラスでは、生徒が協力的ではなかったようです。そこで、担当教科である国語で『他者を理解するということ』という評論を通じて、クラスが皆のことを理解し、一致団結する大切さを説いたところ、企画もうまく決まったということもありました。

第4章　8月〜9月（長期休業〜明け）

#進路

面接の練習は日頃から

　面接の練習は、3年生になってから始めるものではありません。では、どのように普段から心がければよいでしょうか。

✦ 1 日頃から面接の練習を意識してみる

　学校生活において、日頃の様子を観察している担任は、生徒の様子についてある程度は把握できていると思います。部活動など多くの人たちと関わる集団に属している生徒もいれば、そうでない場合もあり、一人ひとり生活している環境が異なります。

　こうした日常生活の中で染みついた言葉遣いや立ち振る舞いは、**面談前にいきなり練習しても、一朝一夕で身に付けられるものではありません**。そこで、面接の基本となる挨拶、礼儀については、3年生になってから始めるのではなく、普段のHRで実践することです。

　例えば、毎時間の号令は多くの学校で行われていると思います。**毎時間の挨拶も面接の練習になることを、普段から生徒に伝えるのも一つの方法です**。

✦ 1 志望理由には時間をかけてサポートする

　面接練習の中で一番大変なのは、志望理由です。**志望理由は、明確な志望校が決定しないと難しいため、前もって準備することができません**。志望校が決まったら時間を多く割いて練習することが必要です。

　その際、相手にはっきりとわかりやすく伝えられるように、**文章で志望理由をまとめることから始めるとよいでしょう**。担任が面接官となり、想定される質問を繰り返し投げかけ、本番でスムーズに答えられるようにサポートしましょう。

August-September　#進路

〈3年生〉小論文指導 まずはここから（進学）

　入試の際、小論文を課して選考を進める学校も多くなってきました。テーマが与えられて小論文を書く場合もあれば、大学の授業を聞いてから小論文を書くというパターンもあります。入学願書と一緒に小論文を提出させる大学もあるので、入試要項等をしっかり確認して学習計画を立てていきましょう。

✦ まずは過去問研究から始める

　小論文は、一日二日ではうまくなりません。やはり自身で書く練習が必要であり、それなりに時間がかかります。しかし、時間をかければ必ず書けるようになっていきますので、最初から毛嫌いせずに挑戦させましょう。

　最初に、過去問研究をすることをおすすめします。**自身の志望校はどのようなテーマを出題することが多いのか、字数制限があるのか等も意識する必要があります**。それらが確認できたら、小論文の担当教員に添削してもらいましょう。

✦ 小論文の「型」を身に付ける

　高校生の小論文では、自分オリジナルな書き方よりも、すでにある型を身に付けたほうがよいです。有名な型でいうと「確かに〜、しかし〜」のようなものです。これは、一度一般論や筆者の意見をまとめ理解した上で、「しかし」の後で自分の意見を書くというものです。この型が身に付けば、テーマに沿ってカスタマイズしていくだけなので、書きやすくなります。

　テーマが専門分野のものばかり出題される学校の場合は、専門用語を覚えるという作業も必要になります。その場合は、専門が近い教科を担当している教員にも協力を仰ぎましょう。

August-September

#進路

〈3年生〉総合型選抜に向けての準備（進学）

　近年、総合型選抜については多くの学校で取り入れられるようになってきました。受験方法は、それぞれの受験先により異なりますが、共通している点は「事前準備」が重要ということです。

✦ | 傾向と対策を念入りに行う

　受験する学校によっては、入試に関する傾向と対策について過去の情報が手に入る場合があります。しかし、対策モデルがない場合もあります。このような場合は、**類似した学校を探し、その学校で実施された問題を用いた対策準備をします**。そして、入試に関する情報が発表された後、受験する生徒には早い段階からの準備を促しましょう。

✦ | 教科担当に協力をお願いする

　また、専門的な分野について出題される入試の場合は、教科担当教員と連携することが効果的です。**英語や理科といった専門的な分野に関する対策と、志望理由に関する対策を分けて行うことも必要**です。志望理由については、生徒が内容を理解した上で、生徒が自分の言葉で伝えられることが理想です。というのも、教員に言われたとおりの文章を覚えていただけでは、すぐに実力を見透かされ、入試を突破することはできないからです。一緒に関わってもらう教員に対しては、受験する生徒が本当に理解するまでの指導を依頼し、生徒の状況についても共有しておきましょう。

　総合型選抜を希望する生徒は、大変な準備になる場合も想定されます。不安や心配事についても自然と相談できる関係性も構築できるとよいですね。

August-September

〈3年生〉推薦文作成の準備（進学）

#進路

　推薦文は、推薦する生徒についての特徴を十分に把握することが必要とされます。人物面に限らず、学習面や生活面などのさまざまな場面において記載することになります。では、どのようにして多面的な評価をする情報を集めることができるでしょうか。

✦ | 他の教員からも情報を集める

　情報収集をする手段としては、教科や部活動の教員との連携が挙げられます。担任は、必ずしも該当する生徒のクラスの授業を受け持つわけではありません。そのような場合、教科担当や部活動の教員に話を聞くとよいでしょう。**その際、「推薦文を作成するので」と先に伝えてから、話を聞くようにしましょう**。そうしないと、聞きたい情報が手に入らない場合もあります。推薦文を書くという明確な理由があれば、担当教員も意識しながら話をすることになります。また、生徒自身に聞いてみるというのも一つの手です。つまり、自己推薦させるのです。その場合は、話を聞くというより、実際に紙に書いてきてもらうのがよいでしょう。

✦ | 記入文例などもうまく活用

　具体的な記入例は、『改訂版　高等学校調査書・推薦書記入文例＆指導例』（担任学研究会編、学事出版）などにも多く載っています。しかし、推薦文のモデルとなる文章は、決して該当する生徒に適した文章ばかりではありません。担任として、日々の様子をよく観察し、多くの情報を集めた上で、目の前の生徒にふさわしい言葉を選んで作成することが大切です。そうすることで、該当生徒に合った推薦文になります。

August-September

\# 進路

〈3年生〉大学入学共通テスト出願の準備（進学）

　大学入学共通テスト（以下、共通テスト）に関する情報は、まず「独立行政法人 大学入試センター」のホームページを確認しましょう。説明会の日程や出願の手続きが示されています。

✦ │「どの大学を受験するのか」を決めてから出願する

　共通テストに出願する前に、生徒には「どの大学を受験するのか」を明確にさせる必要があります。これまで受験してきた模試の結果を踏まえて選択する生徒が多いと思いますが、<u>模試の結果だけでなく現状の成績を踏まえてどの大学への出願が可能であるのかについて生徒と一緒に検討します</u>。また、保護者の意見も踏まえておきましょう。

✦ │本番と同じ教科、同じ時間帯で問題を解く練習を

　また、共通テストにおいては、時間がとてもタイトな教科があります。じっくり学習するというよりは、<u>時間を計って本番と同じ教科、同じ時間内で過去問を解いてみるというのが重要です。同じ教科、同じ時間帯に問題を解く練習もしておきましょう</u>。夜型だった生徒には、年明けには朝型になっておくように伝えておくとよいでしょう。

　最後にマークシートです。普段はマークシートを使って過去問を解いていなかったという生徒もいると思います。共通テスト直前には、必ず鉛筆でシートを塗りつぶす練習をしましょう。意外とそこで時間がかかってしまったり、マークミスをしたりすることもあります。本番までのイメージと準備が大切なのです。

`August-September`

#進路 #面談

〈3年生〉就職応募前の二者面談（就職）

　夏休みが明けると、いよいよ就職選考が始まります。担任としても、生徒の志望動機を確認したり、履歴書を点検したりと、生徒と同じくらい緊張する時期を迎えます。

✦ | 調査書記載の前に生徒と面談する

　進学用の調査書と異なり、就職用調査書には、本人の長所とその企業への推薦事由を記載しなければならないため、どのようなことを書いたらよいのか、担任として悩むこともあるでしょう。また、企業の採用担当者は、生徒が書いた履歴書と、担任が書いた調査書の内容をもとに面接試験で質問をします。

　そこで、担任としては、**調査書の記載の前に生徒と改めて面談をして、生徒が高校生活で頑張ってきたことや得意なこと、その会社を志望する理由を聞き取りたいところです。**

　質問に対してどのように答えたのか、生徒自身も記録をつけるとよいでしょう。面接試験の準備のために「面接ノート」のような記録帳を進路指導部で用意している学校もあると思います。**生徒自身の自己分析と志望動機を言語化するトレーニングの一環としても、担任の聞き取り面談は有効**です。

✦ | 選考までのスケジュールを生徒と一緒に確認する

　学校を通じて企業へ応募書類を送るのは9月5日以降（沖縄県は8月30日以降）になります。9月16日以降に就職試験が行われますが、就職選考日は企業から学校に通知されます。どの学校でも**進路指導部から担任を通して試験日を伝えることになると思いますので、選考までのスケジュールを担任も生徒と一緒に確認するとよい**と思います。

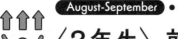

〈3年生〉就職応募前の職場見学（就職）

\# 進路

　就職希望者にとって、選考応募前の職場見学は、どのような企業なのか事前に理解することができる貴重な体験です。企業にとっても、高校生に直接アピールできる機会になっていますので、**担任としては、できるだけ積極的に複数の企業を見学できるように生徒に声掛けをしたい**ところです。

◆｜企業のプログラムを通じて将来働くときのイメージを持つ

　企業によってもそのプログラムはさまざまです。会社紹介や業界説明のプレゼンテーション、職場や施設の見学ツアー、若手社員との座談会、業務の模擬体験やジョブシャドウ、短時間のインターンシップなど、創意工夫が見られます。これらの活動を通して生徒にとって**自分の性格や適性に合う企業かどうか確認しやすく、また将来働くときのイメージを具体的に持ちやすくなります**。

◆｜生徒の体験を言語化する

　公立・私立など高校によって異なりますが、生徒の夏休み期間であっても、教職員の勤務日が設定されていると思います。職場見学が終わった生徒と面談をして、どのような職場だったかを話す時間を作りたいところです。**生徒が感じたことを言語化してもらい、アウトプットすることは、実際に応募したときの面接試験でプラスに働きます**。また担任としても、その企業がどのような会社なのか知ることで、今後の進路支援に役立ちます。

　選考応募前であれば、9月以降も職場見学が可能です。職場見学が可能かどうか求人票で確認し、就職先を決めかねている生徒に職場見学を改めて勧めてみるとよいでしょう。

August-September

〈3年生〉履歴書作成のサポート（就職）

\#進路

　高校生の就職活動で使用する履歴書は、全国高等学校統一用紙を使います。文部科学省のホームページからもダウンロードできますし、地域のハローワークで用意しているところもあります。

✦ | 書ける欄は先に埋めておく

　あらかじめ、氏名や生年月日、住所、学歴・職歴、資格、趣味・特技、校内外の諸活動の欄は、夏休み中に下書きを終えるように、担任からも声掛けをします。趣味や特技の欄を書くことが難しい生徒もいます。そこで、担任として生徒の気付きにつながるように、普段の生活で「特に時間をかけて取り組んできたこと」を尋ねてみるとよいでしょう。具体的な記入例は、『改訂版　高等学校調査書・推薦書記入文例＆指導例』（担任学研究会編、学事出版）が参考になると思います。

✦ | 質問と磨き直しを重ねて志望動機を仕上げる

　生徒にとって最も時間がかかる欄が「志望の動機」です。なぜその会社を選んだのか、なぜその職種を選んだのか。生徒の長所や興味・関心を踏まえて、生徒にまず書いてもらいます。担任は、生徒が書いた文章をもとに、面接官の視点で生徒の内面を深掘りするような質問をするとよいでしょう。

　例えば、「〜とはどういうことですか？」「〜についてどのように思いましたか？」などです。生徒は質問の回答を考え、さらに志望動機を磨き直します。この質問と磨き直しを繰り返して、志望動機が完成するまでサポートを続けます。

August-September

〈3年生〉公務員試験対策（就職）

#進路

　公務員試験の一次試験はほとんどの場合、9月に実施されます。試験科目は、募集要項で確認することが重要です。多くは、教養試験（基礎能力試験）と論文試験が課されます。

✦ |「一般知識分野」と「一般知能分野」がある

　教養試験はマークシート方式で、一般知識分野から15〜20問程度、一般知能分野から20〜25問程度出題されます。**一般知識分野は、中学校から高校で学ぶ5教科（国語・社会・数学・理科・英語）の内容がまんべんなく出題されます。**

　一般知能分野は、数的推理（数学的な問題解決能力を測る問題）、判断推理（論理的な思考力を測る問題）、資料解釈（グラフや表を読み取る力を測る問題）、文章理解（日本語や英語の文章を理解する力を測る問題）の領域から出題され、**公務員試験特有のもので、事前の念入りな準備が必要です。夏休み期間中は特に、一般知能分野のトレーニングを集中的に行うよう助言するとよい**と思います。

✦ | 論作文は過去問をチェックする

　論作文試験では、指定されたテーマについて自分の考えを論理的に記述することが求められます。例えば、国家公務員一般職では「誰もが生きやすい社会をつくるために必要なことについて、あなたの思うことを述べなさい」という課題が与えられました。国家公務員試験の過去問は人事院のホームページで確認することができますが、地方自治体によってテーマが異なるため、**過去にどのような課題が出されたか、進路指導部に蓄積された情報を活用することが望ましい**でしょう。

August-September

〈3年生〉調査書の最終版の作成

\# 進路

　調査書については、担任が生徒一人ひとりに対して、その生徒が高校3年間過ごしてきた記録を書き記すものです。担任にとっては負担もありますが、この調査書を持って、就職活動をしたり、大学受験をしたりするので、生徒にとっては非常に大切なものになります。

✦ **1 指導要録をもとに調査書を作成する**

　「3年間この生徒を教えていたわけではないからわからない」という人もいるかもしれません。しかし、安心してください。**1年生・2年生までの記録は、その時々の担任が指導要録に記録しています。その情報を見ながら、高校3年時の情報を加えるだけ**なので、不安になる必要はないでしょう。

　また、生徒の成績等も、現在では自動で入るように、各学校でシステム化していると思います。ですので、担任は、**それが正しいものであるのか、また不足している情報はないかなどを確認する**仕事になります。

　「生徒のことは把握しているんだけど、なかなか文章にすることができない」「そもそも調査書って決まった型があるの？」と悩んだときには、『改訂版 高等学校調査書・推薦書記入文例＆指導例』（担任学研究会編、学事出版）をおすすめします。担任が疑問に思ったり、悩んだりしている事柄について細かく丁寧に書かれています。

> 　調査書は厳封にして大学や就職先に提出するものなので、生徒の目に触れることはないと考えがちですが、調査書が余った場合、生徒は封を開けることがあります。筆者も自分が高校生のとき、実際に開けてみたのですが、調査書に書いてある先生の言葉がとても嬉しかった記憶があります。

LHRと総合的な探究の時間の進め方

　LHRでは、クラス内の課題を見いだし、解決するために話し合い、役割を分担して協力して実践したりする中で、自己の課題の解決及び将来の生き方を描くような力の育成が求められています。

　このプロセスは、「総合的な探究の時間」（以下、探究の時間）のプロセスと非常に似ているところがあります。学校によっては、時間割の中でLHRと探究の時間を連続で組んでいるところもあり、親和性の高さもうかがえます。場合によっては授業変更等を行い、2コマ連続で実施することもあるでしょう。

　ここでは、担任の裁量が大きいLHRや探究の時間に、何を行えばよいのかについて紹介します。

ホームルーム活動の内容

　学習指導要領を確認すると、ホームルーム活動の内容は大きく3つに分類されます。(1) ホームルームや学校における生活づくりへの参画、(2) 日常の生活や学習への適応と自己の成長及び健康安全、(3) 一人一人のキャリア形成と自己実現です。

　具体的に解説しますと、(1) は席替えをするために合意形成を図ったり、クラスでのルールや委員会等の役割を分担して協力したり、学校行事について提案したりする等の活動を指します。

　(2) は自他の個性を尊重したり、男女相互について理解しながら、クラス内でコミュニケーションを図り、よりよい集団生活を作っていくことです。また、日本と海外の生活習慣について考えたり、青年期の悩みや課題に取り組んだり、心身の健康を保持増進する活動もここに入ります。具体的な活動例として、新聞等のメディアの資料を参考にして話し合う活動や、留学生等の外国の方との意見交換を実施したりする活動などがあります。

　(3) は、将来の生活や学習と自己実現とのつながりを考えたり、学校図書館等を活用し学習習慣を身に付けたりします。社会生活を営む上で必要なマナーを学んだり、自己の在り方や生き方について考える時間もここに入るでしょう。進路講演会を実施したり、学びのポートフォリオを作成する活動などが挙げられます。

以上のように考えていくと、LHR単体ではなく、生徒会や進路指導部と連携し、学校行事等と一緒に活動内容を考えていくとよいことがわかります。

探究の時間との相性の良さ

　LHRは探究の時間と親和性が高いと先述しましたが、学習指導要領の中でも「各教科・科目、総合的な探究の時間などの指導との関連を図り、生徒による自主的、実践的な活動が助長されるようにすること」とあるので、間違いないでしょう。なぜ親和性が高いかについては、学習指導要領に掲載されている下記の図を見比べてみるとわかります。

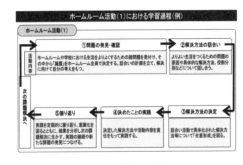

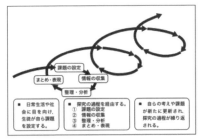

　いかがでしょうか。どちらも「問題（課題）の発見（設定）」からスタートし、「解決方法の話合い（情報収集）」を経て、「解決方法の決定（整理・分析）」、「決めたことの実践・振り返り（まとめ・表現）」、という順番になっています。非常に似たプロセスであることがわかります。

探究の時間には具体的にはどのようなことをすればよい？

学校の実情に応じてということになりますが、自己分析を行うためにマインドマップをしてみたり、一年間を通じて自分でテーマを設定し探究を進めてみたり、とさまざまだと思います。学校によっては、学校でテーマが決まっていたり、必ずグループを組んで実施するというところもあるようです。また、役所と連携して地域課題に取り組んだり、企業と協力して企業課題の解決に挑戦したりする学校もあります。詳細は、拙書『生徒とはじめる高校探究』（浅見和寿著、学事出版）に詳しく書かれているので参考にしてみてください。

各教科・科目との連携もできる

探究の時間だけで探究活動を実施するのではなく、各教科・科目と連携しながら進めていくものもあります。

例えば、国語の時間に、海洋プラスチックゴミ問題に関する評論を読んだことから、「何か自分にもできることはないか」と考え、ゴミをアートに変えるというアイデアを思いつき、情報収集しながら探究をすすめた生徒がいます。最終的に、その生徒は、クラウドファンディングをして資金を集め、文化祭で発表するところまでやり遂げました。教科と総合的な探究の時間が結びついた好事例だと思います。

また、修学旅行を旅行会社の手を借りずに全て自分たちで計画するという探究活動を実施した学年もありました。何がきっかけで探究の課題が見つかるかわかりません。生徒のやる気やアイデアをサポートできるようにしたいものですね。

総合的な探究の評価はどのようにするのか

学習指導要領には、「総合的な探究の時間における生徒の具体的な学習状況の評価の方法については、信頼される評価の方法であること、多面的な評価の方法であること、学習状況の過程を評価する方法であること」の三つが重要であると書かれています。具体的に言えば、誰が評価しても、著しくゆれることがない基準作りをし、担当教員だけでなく、生徒や他の教員からも評価を受けられる他者評価票等を用いて、その学習過程を見取るために中間発表や最終発表を実施するとよいでしょう。生徒同士で評価をつけさせることも重要なことですので、ぜひ実践してみてください。

第 5 章

9月～12月
（行事が多い時期）

September-December

行事を通して生徒と共に成長する

#生徒指導 #学校行事

9月から12月は、どの学校でも学校行事が多くなる時期です。そして、最も生徒たちの成長を感じられる時期でもあります。

✦ | 行事の目的をしっかり共有しておく

行事が多く開催される中で最も大切なことは、それぞれの行事の目的を生徒にしっかり伝えることです。**「何のためにこの行事が行われるのか」、「この行事を通じて教師は生徒にどのような成長を望んでいるのか」を伝える機会を持つこと**が大切です。

例えば、合唱祭が控えている場合、限られた時間の中で合唱練習を行います。熱心に取り組むクラスもあれば、熱量があまりないクラスもあります。こうしたそれぞれの状況において、些細なことがきっかけで問題が発生したりします。いずれの場合においても、**担任としては、問題が発生しないような手立て、問題が発生してからの対応、それぞれを準備しておきましょう**。問題が発生してからの対応に不安を感じる場合は、周囲の先輩教員に助けを求めましょう。

✦ | 一つひとつの節目を意識し、生徒と共に成長を

また、行事が多い時期だからこそ、一つひとつの節目を大切にさせる工夫を考えてみましょう。**「切り替え」という言葉に教員がどのようなスパイスをかけるかで生徒の意識も変わります**。多忙な時期を、生徒と共に成長できる時間にしましょう。

September-December　　　　　　#生徒指導 #学校行事

修学旅行に向けた準備

　修学旅行は、旅行先で豊かな自然や文化・社会に親しむことの意義を理解することが目的です。ですので、旅行先についてはよく検討し、物見遊山にならないよう注意しなければなりません。また、学校外における集団生活の在り方や社会生活上のルール等について理解し、それに適した行動の仕方を身に付けるようにします。

✦ | 事前学習

　先に挙げたような目的を達成するためには、旅行先のことを調べ、どのような文化があるのか、また、過去と現在の違い等を学習することも大切です。

　それと同時に集団行動をするにあたって必要なことも事前に確認しておきましょう。一度、生徒と共に、全体行動・班別行動の際など場面ごとに注意すべきことをシミュレーションしておきます。**全体的な注意事項である「時間を守る」「連絡する」「相談する」は、どの場面でも必須になります。**

　現地に着いてからは、必ずイレギュラーなことが起こります。シミュレーションをしっかりしておくことで、現地で大きなトラブルになることを避けられます。

✦ | 修学旅行を自分たちで作ってみる

　旅行業者に全ての行程を依頼する場合もあれば、修学旅行と総合的な探究の時間等と絡めて、自分たちで修学旅行を計画することもあります。クラス別・班別行動をする場合は、担任はクラスの生徒と入念に準備をします。添乗員は不在になるので、見学先は修学旅行当日は開いているのか、電車はどれくらいの頻度で走っているのか等々、生徒と共にしっかりと調べておくことが重要になります。

`September-December` ●●　　　　　　　#面談　#保護者　#教務

転学・退学の手続き

　教員をしていると、どこかでは必ず転学したり、退学したりする生徒が出てきます。関わった生徒が、その学校で卒業に至らなかったということで悲しさを感じる先生もいるとは思いますが、避けては通れないことでしょう。そもそも、転学や退学が悪いわけではありません。生徒や保護者が納得して、新しい一歩を踏み出そうとしているというのであれば、それを応援してあげるのも教員の仕事です。では、具体的にどのように手続きを進めていくべきでしょうか。

✦ | 転学や退学の手順

　まずは、生徒の意思と保護者の考えをしっかり聞いて、**転学や退学をするメリットやデメリットを伝えましょう**。生徒や保護者も転学や退学の経験はなく、初めてのことである場合が多いので、学校が持っている転学先の情報や、これまでの経験を話すとよいでしょう。そうすることで、生徒や保護者も安心できる部分もあると思います。

　その上で、「転学願」や「退学願」等の書類を書いてもらい、生徒証の返納や諸会費等の返金手続を行います。この際に、**担任だけではなく事務職員も関わってくるので、その場に同席してもらえるとよい**かもしれません。

✦ | 転学や退学に関わる書類・手続きの用意

　転学の場合は次に行く学校とも連携をしなければなりません。試験がある場合は、合格発表はいつなのか、また相手校の入学はいつになり、何の書類が必要なのか等々を教員もしっかり確認しておきましょう。もちろん、転学するのは生徒なので、生徒や保護者に確認をとればよいのですが、**学校も「成績証明書」等の準備が必要になってくるので、教員側も早めに知っておくとよい**でしょう。

`September-December`　　　#生徒指導　#長期休業

冬休み中の過ごし方

　冬休みは、1年のまとめの時期になります。学校では、4月から3月をひとまとめにして年度で活動していますが、暦の上では、1月から12月をひとまとまりとしています。冬休みは年末年始を挟む休みになりますので、生徒には、**1年間の振り返りと、来年の目標をセットで考えさせてもよい**かもしれません。

✦ | 1年を振り返る時間にする

　教科として課題を出してもよいですが、上記のような振り返りと目標についての課題を出すのも一つです。教員も忙しいですが、生徒も授業があって部活動があって習い事があって……とふだんから忙しく活動しています。なかなか自分の日頃の活動を振り返ることはないでしょう。ですので、**冬休みに生徒が時間をとって考えられるようにしましょう**。

✦ | 元旦に新しい目標を立てる

　ある研究では、**何かの記念日に立てた目標は、他の何でもない日に立てた目標に比べると、達成できる確率が上がる**そうです。誕生日でもよいですし、月初めでもよいのです。それを考えると、元旦に新しい目標を掲げるというのが非常に有効だということがわかりますね。

　また、年末年始は家族や親戚と交流したり、学校の友達と遠方に遊びに行ったりと、人との交流が増え、ふだんとは異なる時間を過ごすことになります。ふだんとは異なる生活の中には刺激的で好奇心をくすぐられることもあるでしょう。しかしながら、そういったところには、違法な薬物の話をされたり、闇バイトのような勧誘もあったりと危険も潜んでいます。そのことを十分生徒にも伝え、近づかないように呼びかけましょう。

Septmber-December

\# 進路

小論文指導のコツ（進学）

　小論文は、ほとんどの生徒が苦手としている分野かもしれません。というのも、学校の授業の中で「小論文」という教科はないからです。国語の授業で多少は扱うこともあるかもしれませんが、テーマを与えられてすぐに書くことができる生徒は稀でしょう。

　そのような理由から、小論文は自信を持って書くことができるようになるまで時間がかかります。生徒には、早め早めの準備が大切だと声をかけていきましょう。

✦ | 小論文の型を身に付けることが近道になる

　生徒から度々受ける質問で、「どのように書いたらよいかわかりません」というものがあります。この質問にはどう回答したらよいのでしょうか。

　小論文には、ある程度型があります。簡単に言えば「序論・本論・結論」を押さえて書くことです。字数が400字、800字、1200字等さまざまではありますが、その分量に合わせて肉付けをしていくイメージになります。もちろん本論が一番分量は多くなります。

✦ | 志望する学部や学科に関するテーマを勉強しておく

　もう一つよく聞くのが「テーマによって書けるときと書けないときがあります」という悩みです。それは、そのテーマについて知識や経験がないからです。もしかしたらテーマになっている言葉の意味がわからないということもあるかもしれません。高校生のうちに全てのテーマが書けるように勉強するのは難しいでしょうが、**自分が志望する学部や学科で使われる用語等はしっかりと勉強しておくとよい**と思います。

September-December　#進路

〈3年生〉志望校検討会は何をするか（進学）

　進路選択が多様化されてきた今日の大学入試では、一般入試を選択する生徒の数は減少傾向にあり、受験指導も複雑化してきています。

　大学入学共通テストを受験する前に、進路指導部の教員と担任が、模試の結果や定期考査の状況をもとに、生徒一人ひとりの志望校を検討する学校も増えてきました。

✦ | 年内入試を見据えて志望校や入試を検討する

　志望校検討会では、一般入試に限らず年内入試（総合型選抜・学校推薦型選抜）も見据えた受験指導を早い時期に実施します。

　このとき、注意しなくてはならない点は、生徒が**安易に志望校を選んでいないかを確認すること**です。年内入試と一般入試では、時期だけでなく受験方法も全く異なるケースも多く見受けられます。年内入試での受験に向きそうな生徒であれば、年内入試から挑戦するように後押ししましょう。

✦ | 一般入試の場合は「志望度」を確認する

　学力試験重視の一般入試に向きそうな生徒（模試の結果が良く本番に強い生徒）の場合は、**偏差値や判定という観点ではなく、本当に志望する学校なのか確認しましょう**。本人の強い意思を感じられれば、一般入試への挑戦へと結びつけられるはずです。

　いずれにしても、生徒自身の真の力を精一杯発揮できるよう、さまざまな視点から志望校検討会を行いましょう。

`September-December` ・・ #進路

〈3年生〉年内入試に向けた指導（進学）

　大学入試改革により、以前に比べると入試日程は大きく変化してきました。特に変化したことは、年内入試（総合型選抜と学校推薦型選抜）を受験する生徒に対しての指導時期です。

✦ | 年内入試に向けて、早めに進路希望を確認しておく

　志望校が決定している生徒とそうではない生徒の場合、この指導時期については大きく変わってきます。そのため、高校3年生から担任を受け持つ場合は、**クラスの生徒たちの進路希望について早い段階から把握しておく必要があります**。年内入試は、「総合型選抜方式」や「学校推薦型選抜方式」という名称で行われます。これらの入試をそれぞれ受験したいという意思を担任は早期に把握しておきましょう。

✦ | 面接は本気度を試される

　そして、いずれの方式においても、「面接」は欠かすことのできないものとなります。**志望する大学を過去に受験した先輩が記録した報告書もある場合、こうした報告書に記載されている内容を踏まえて対策を行うことが一番有効**な手段となります。

　面接は、受験する生徒の本気度を試される機会です。志望する大学について、受験する生徒がどのくらいしっかり準備してきているのかが、面接で問われるのです。**マニュアル通りの面接では、すぐに見透かされてしまい、印象はあまりよくない**でしょう。面接を指導する場合は、特に受験生自身が考えた言葉で話をさせるようにしましょう。

September-December　　　　　　　　　　　　　　　　　　　　＃進路

〈3年生〉面接練習のポイント（進学・就職）

　面接練習は、主に進路指導部を中心に実施されます。面接内容によっては、担任や副担任に依頼をしたり、専門性が高い面接内容の場合は、各教科・科目の担当教員に依頼したりして、面接練習をする学校が多いのではないでしょうか。

✦│面接練習は複数（教員・生徒共に）で行う

　担任としては、自分のクラスの生徒は全て指導したいと思うかもしれませんが、面接練習についてはさまざまな先生に見てもらったほうがよいです。面接のベースになるものは基本的に同じですが、どのような受け答えがよいか、という観点は教員によって微妙に異なります。**複数の教員で、さまざまな角度から生徒の面接指導をしてあげることで、生徒は成長していく**ことでしょう。

　また、面接時は必ず一対一でなくてはならないわけではありません。**他の生徒の面接練習に立ち会うことで、勉強になることもありますし、生徒が面接官役をやることで、面接官側の視点も得ることができます**。複数でやるというメリットも多いのでぜひ実践してみてください。

✦│面接の様子を動画で撮影し、一緒に改善点を確認する

　生徒自身は自分の面接時の立ち振る舞いを見ることはできません。そこで、**生徒のスマートフォン等で、入室から退室までを録画してあげて、それを一緒に視聴しながらアドバイスすることで、改善速度がより速くなります**。

　最初は「恥ずかしい」とか「他の生徒に見られるのは嫌だ」と言う生徒も多いですが、最終的に面接がうまくいく生徒は、その気持ちを払拭した生徒です。面接が楽しいと思えるくらいまで練習するとよいでしょう。

Sepember-December

#進路

〈3年生〉面接指導は応募直後から始める（就職）

　例年、9月16日から就職選考が行われます。就職選考の応募書類を受理した企業は、速やかにかつ確実に、学校を経由して生徒に選考日を通知することになっています。そのため、選考日が決まってから面接練習をすると準備が間に合わないことが多いです。

✦ 就職面接の練習を始めるタイミングは？

　就職選考の応募書類を送付する直後から、就職面接の練習をスタートするとよいでしょう。できれば、履歴書指導と並行して面接指導を行うことが望ましいです。就職面接の一般的な注意事項は進路指導部から配布される学校が多いと思いますが、改めて担任からも、面接時のルールを確認するとよいでしょう。

✦ 就職面接で聞いてはいけないことは避ける

　面接では、就職差別につながる恐れのある質問は不適切とされ、練習でも避けるべきです。各地域の労働局でも企業向けに配慮するよう呼びかけられています。代表的な例として「いままでどこに住んでいましたか（本籍や住居に関する質問）」「ご両親は共働きですか（家族構成や地位に関する質問）」「住まいは一戸建てですか（資産に関する質問）」「尊敬する人物は誰ですか（思想・信条に関する質問）」「結婚後も働き続けようと思いますか（男女雇用機会均等法に抵触する質問）」などが挙げられます。

　求人票をもとに、どのような会社なのか、どのような人物を必要としているのか担任としても想像して、面接練習では、面接官として「この人を採用して一緒に働きたい」と確信できるための質問を考えるとよいでしょう。

September-December

\# 進路

〈3年生〉公務員二次試験対策（就職）

　公務員試験の一次試験の合格発表が9月下旬にあり、10月に二次試験の面接試験が行われるケースが多いです。一次試験の当日に提出した「面接カード」をもとに、面接練習を繰り返し行うことが大切です。

✦ | 公務員試験の面接対策をサポートする

　複数の公務員試験を受験している場合、**二次試験日を配慮しつつ、担任としても改めて志望動機を整理しておくようアドバイスすると**よいでしょう。

　面接練習をする場合、面接練習ノートを用意させるのも効果的です。進路指導部や学年で用意している学校もあると思います。短期間で準備を進める必要がある生徒も多いと思いますので、**チームを組んで生徒をサポートすることが望まれます**。

✦ | 志望理由を生徒自身の言葉で回答できるようにする

　面接試験では、コミュニケーション力、協調性、主体性などの視点で評価されます。**志望動機を丸暗記するのではなく、面接官の質問を聞き取り、生徒自身の言葉で回答できるようにトレーニングする必要があります**。そのため、担任として面接練習をする場合も、生徒の回答をもとに質問をするよう心がけてください。面接練習の際に、自分の長所と短所、大切にしていること、高校生活で取り組んできたことなど、生徒に質問しながら自己分析を進めるようにします。その上で、**なぜ公務員として働きたいのか志望理由を文章に表したものを添削したり、生徒に質問を繰り返したりして、生徒自身が深掘りできるようにサポート**しましょう。

非対面のコミュニケーションにおける留意点

　ICT機器を用いて生徒とコミュニケーションを取ったり、授業で活用したりと、学校現場にもICT機器が頻繁に活用されるようになってきました。生徒も一人一台のタブレットを持ち、学校の中でWi‐Fiに接続し、さまざまなコンテンツを活用したり、さまざまな事情により、自宅から授業を受けたりすることも増えました。このような変化の中で、生徒と教員のコミュニケーションはどのように変わったのでしょうか。

生徒とのコミュニケーションの変化

　今までは、教員も生徒も学校にいるときにだけ言葉を交わし、資料を渡して「また来週」という流れでした。しかし今では、対面でも連絡し、再度インターネット上でも伝えることが可能になりました。ネット上で情報が見える状態であれば、忘れてしまっても確認できるので、生徒にとってはありがたいはずです。また、教員も緊急の連絡や伝え忘れたことがあっても連絡することができ、メリットも大きいです。

非対面でのコミュニケーションの留意点

　メリットも大きいですが、デメリットもあります。今までであれば、勤務時間内にコミュニケーションを取っていたものが、勤務時間外にもコミュニケーションが取れるようになったため、仕事が増えたという教員もいます。例えば、生徒からの連絡もネットで自宅から読めてしまうため、「先生なんですぐに返信くれないのですか」と言われることもあります。

　また、早朝や深夜にも関わらず連絡をする生徒もいます。勤務時間や土日も関係なく、先生と連絡が取れるこの状況は、生徒と教員の間でもしっかりとルールを作ることが重要です。

第 6 章

1月〜3月
（新学年に向けて）

 #生徒指導

1年間を締めくくる3か月

　1年間を締めくくる最後の3か月間です。担当する学年によって異なる業務もありますが、共通して取り組むことは「この学年の集大成」です。

✦ | 残りの3か月をどう過ごすか担任の言葉で伝える

　1年間を締めくくる時期を迎えるまで、生徒たちに多くのことを伝えてきたと思います。私がこの時期、いつも生徒に伝えることは、<u>「この1年間の努力を最後まで精一杯発揮できるように取り組む」</u>ということです。

　また、次の学年へ切り替えるタイミングとなるため、<u>学習面だけでなく生活面においても気持ちを新たにさせていくことが必要</u>です。

✦ | 生徒と一緒に1年間を振り返る時間を

　担任として、1年間を振り返る時間をぜひ確保してください。この振り返りの時間の中で、<u>生徒自身が自己と向き合うことにより、自分で気が付くことがあるはず</u>です。

　教員自身もこの1年間を振り返り、生徒たちにどのような言葉がけをしてきたのか思い返すことで、新しい年度に向けた準備の時間にもなります。生徒と共に次のステージに向けた準備を一緒に取り組んでいきたいですね。そして、<u>お互いに振り返ることを通じて、クラス全体が同じ方向を向いて歩んでいけるように後押しを</u>しましょう。

　新年が明けてからの3か月はあっという間です。高校入試があるため、授業が少なくなり、生徒と顔を合わせる時間も少なくなります。自分のクラスに伝えたいこと、これだけはやってほしいことなど、確実に伝える機会を準備しましょう。

January-March

#成績　#長期休業

冬期講習の実施

　多くの予備校や塾で実施している冬期講習。進学校と呼ばれる学校では、学校でも講座を開設し、受講生を募っていることでしょう。では学校で冬期講習を行うメリットは、いったいどこにあるのでしょうか。

✦ | 学校は生徒個々の学習状況を把握している

　塾や予備校に通うことで刺激を受ける、という意味では悪くないですが、学校で冬期講習を行うことには多くのメリットがあります。**学校は「生徒の状況をよく把握し、どこまで学習しているのかがわかっている」**というところです。学校でどこまで教えているのか把握しているのと同時に、**定期考査の結果を見て、生徒がどの分野が苦手なのかということもわかる**のです。

　これは、塾や予備校ではなかなか把握できない学校ならではの特徴と言えるでしょう。

✦ | 生徒のニーズに合った講習を実施する

　その点、**学校では、ある程度生徒のニーズに合った講習を実施することができます**。また各教科の教員がひとりしかいないということはないと思いますので、校内で調整したり、教科内で分野に分かれて講座を組めますし、日程の調整などもできます。

　後は、生徒たちのやる気をどう引き出すかです。**冬休み前の授業の際に、日程や講座の内容を伝え、士気を高めておくことも重要**でしょう。また**志望する大学ごとにまとめてパッケージ化した冬期講習などもおすすめ**です。そうすると集まった生徒たちで、「絶対にこのメンバーで大学に合格するんだ！」と団結力が生まれます。試してみてはいかがでしょうか。

〈3年生〉共通テスト分析（進学）

#進路

　共通テストの分析は非常に大事です。何を問う問題が多く出題されているのか、最近の傾向は何なのか等、教員自身も把握しておくことが大切です。

✦ | 共通テストのことを知ることが第一関門

　2021年から共通テストに名称が変更になりましたが、その傾向はセンター試験の問題を引き継いでいます。そのため、時間に余裕があればセンター試験の問題も解いておくようにしましょう。生徒には、**「相手を知ることが受験を突破する第一関門」と伝えています**。より多く問題を解くことで、自信にもなります。

　よく質問を受けるのが「私立大学が第一志望なので共通テストは受けなくてもいいですか」というものです。この質問については、答えは一つではありません。しかし、共通テストはたくさんの受験者が集まり、会場の雰囲気を体験できる機会になります。

　また、昨今、受験方式は多様化し、共通テストを受けて私立大学に受かる生徒も多くなってきました。**同じ受験生であっても、受験方式によって受かったり落ちたりするので、チャンスは多ければ多いほうがよい**と言えます。

✦ | 受けるかどうかは最終的には本人が決める

　ただ、受験料の問題や、日程等の問題もあるので強制はできません。教員は**メリット・デメリットを伝えて、最終的には本人に決めてもらうのがよいでしょう**。また受けなかったとしても、その問題を必ず解いておきましょう。私立の個別入試で共通テストと同じ内容の問題が出た場合、受けていなければ、その分だけ差がついてしまいます。**問題は予備校のサイトでも手に入りますし、新聞にも載るので必ず目を通しておきましょう**。

January-March　#進路

〈3年生〉大学一般選抜の出願指導（進学）

　共通テストを受験し、その後一般入試が立て続けに行われる時期になります。共通テストの結果を受けて合否が決定する受験方法もありますが、多くの場合その結果が出るのは2月になります。結果を待ちつつ、一般選抜入試に取り組んでいきます。

✦ | 希望する学部・学科の中から難易度を分けて選抜していく

　生徒自身の希望する進路に向かって、学部・学科を選択し受験していくことになりますが、大学の難易度はさまざまです。第一志望の難易度が高い大学であれば、第二志望や第三志望といった大学は、難易度を下げて出願する必要があります。

　その理由としては、第一志望の大学に合格しなかった場合、来年から通う大学がないということになってしまうからです。もう一つの理由としては、「自信をつける」という意味もあります。<u>大学で試験を経験していくうちに、会場にも慣れ、さらに合格が増えてくると自信にもつながります</u>。自信をもって第一志望の試験を受けることができれば、結果も良いものになっていくでしょう。

✦ | 絶対に第一志望を譲りたくない

　「絶対に第一志望を譲りたくない」という生徒もいるでしょう。その生徒は、第二志望や第三志望の大学を受けないという選択をしますが、この場合は、<u>生徒や保護者とよく相談して、浪人することも視野に入れているのかという部分を確認しましょう</u>。本人も保護者も納得しているのであれば、第一志望だけの受験をするということでよいと思います。

January-March

〈3年生〉国公立大学の出願検討（進学）

\# 進路

　２日間で行われる共通テストが終了し、次の日には、自己採点を行います。生徒には、問題用紙に自分の解答を記載しておくようにと伝えてあると思いますので、その内容を予備校のシートに転記して合格判定の予想をしてもらうことになります。

✦ | どの大学・学部に進むのかを明確にしておく

　国公立大学では、共通テストと大学の個別試験の両方で合否を出す大学が多いです。そのため、共通テストの点数によっては、行きたい大学に出願できないといったことも起こりえます。**合格判定の結果を参考にしつつ、その大学に進みたいのか、学ぶ内容によって大学を変更するのか考える必要があります。**

　学校によっては、学年の教員たちで会議をすることもありますし、進路指導部の教員主導で行うこともあります。勤務校の出願検討の流れを確認しましょう。

　最終的には、担任と生徒で出願を検討するための材料として、予備校から返ってきた合格判定の結果をもとに考えることになりますが、生徒によっては、志望校として考えていた全ての大学が合格圏内にない場合もあります。

✦ | 新たな選択肢を提示する

　合格判定が良かった場合も、悪かった場合も、今後の出願を考えなければなりません。**結果が良かった生徒は、現在志望していた大学よりも難易度が高い大学に挑戦することもあるかもしれませんし、そうでない場合は第一志望の変更をしなくてはなりません。**特に結果が芳しくなかった生徒には、新たな大学の選択肢を示す必要性があるでしょう。

　現在は、志望校判定ツールを活用するのが一般的です。ツールを活用し、生徒と新たな大学の選択肢を考えましょう。

`January-March`

〈3年生〉就職内定者指導（就職）

#進路

　学校斡旋での就職活動の場合、内定通知書が届いたら、14日以内に内定承諾または辞退の意思表示を企業に伝えなければなりません。

✦ 内定承諾の方法と令状作成のサポート

　求人票に複数応募「不可」の記載がある企業の場合、特別な事情がなければ就職内定を承諾することになっています。さらに、承諾書の提出後は、特別な事情がなければ内定を辞退しないことになっています。

　内定通知に同封されている「承諾書」に必要事項を記入し、企業へ返送するように生徒に指導します。このとき、社会人として働けるか不安に思う生徒もいますので、担任は応援する気持ちで声掛けをするとよいでしょう。併せて、生徒に内定のお礼状を書くように伝え、それを同封します。礼状の文例は、進路指導部でも用意している学校が多いと思いますが、**担任としても文面を確認し、生徒が社会人としての初めの一歩を踏み出すサポートをしたいところ**です。

✦ 内定辞退する場合はトラブルにならないように注意

　承諾書または内定辞退書の書式や提出方法については、都道府県ごとに異なる場合がありますので、**行政・経済団体・学校の三者による「就職に関する申し合わせ」を確認**しておきましょう。特に、**辞退する場合のルールを確認しておくと、企業や保護者とのトラブルを避けることができます**。

　内定式の日まで、社会人として大切な「時間を守ること」「挨拶をすること」を意識して、残りの高校生活を過ごすように、担任としても日々の声掛けを続けたいところです。

January-March

〈3年生〉就職未定者指導（就職）

\# 進路

　就職選考の結果、残念ながら不採用になった生徒には、選考結果を伝えるとともに、まずは生徒のそれまでの頑張りを認め、担任として労いの言葉をかけましょう。

◆｜就職活動を継続する場合で、学校がサポートする場合

　就職活動を続ける場合、生徒に改めて求人票を確認するよう伝え、生徒が希望する企業に、進路指導部または担任からまだ応募可能かどうか問い合わせます。**11月1日以降は、学校斡旋でも一人二社の複数応募が可能になりますが**、履歴書の志望動機をそれぞれ用意したり、面接練習も各企業に合わせて行ったりしなければならないため、**生徒にとって負担が大きくなります**。生徒の個性や性格を見極めながら、一社ずつ応募するのか、複数応募にチャレンジするのか、生徒の意思を確認しておくとよいでしょう。

◆｜就職活動を継続する場合で、外部につなぐ場合

　就職未定者の対応で、担任の負荷がかかりすぎることがあります。ひとりで抱え込まず、進路指導部を通して、各都道府県が設置する就職支援施設「ジョブカフェ（若年者のためのワンストップサービスセンター）」に協力を仰ぐこともできます。

　地域内にジョブカフェがない場合は、地域を管轄するハローワークに相談することも可能です。さらに、厚生労働省委託の支援機関である「サポステ（若者サポートステーション）」に就職支援の相談をしてみるのもよいでしょう。就職支援の外部機関を知っておくだけでも、就職を継続したい生徒にとってプラスに働きます。

January-March

#生徒指導 #学校行事

〈3年生〉卒業式に向けての準備

　卒業式は、学年によってさまざまな想いが入り乱れるのではないでしょうか。1年生の場合は、高校の初めての卒業式を体験することになり、2年生の場合は、来年度は自分たちが最上級生になるのだからしっかりしなくてはという気持ちになるでしょう。3年生は、高校3年間を振り返り、自分たちが後輩たちに残せるものは何か考える機会になります。

✦ | 3年生の担任として最後に伝えることを考えておく

　ここでは、3年生の担任になった際、卒業式に向けてどう取り組むかについてまとめてみます。卒業式というと、中には興奮して突飛な行動を起こす生徒もいますが、卒業式は儀式的な行事であることを生徒に伝えましょう。来賓の方が来校し、保護者や在校生も卒業生をお祝いするために集まります。**卒業生には特に礼節をわきまえた行動をすることが求められる**ことを伝えましょう。

　卒業式後は、担任と生徒が最後の挨拶をする場面もあります。教員として生徒に何を伝えるかを考えておきましょう。「今までの思い出を振り返る」「自分の人生について話す」「卒業後の生徒へ教訓を示す」等、いろいろあります。

　行事ごとに撮りためていた写真を1冊にして、生徒一人ひとりに渡す教員や、生徒一人ひとりに手紙を渡す教員もいます。正解はありませんので、**「担任として最後に生徒にこれだけは伝えたい」**ということを伝えてあげてください。この先は、先生と生徒の関係ではなく、人と人の関係性になります。先に生きる者として高校生に伝えてあげる言葉を、紡いであげてください。この時に伝えるからこそ伝わるものもありますし、生徒の一生に残る言葉になることもあります。

January-March　#学校行事

〈3年生〉思い出を綴る文集・アルバム作り

　3年生は、自身の進路や卒業式のことで頭がいっぱいになっている時期だと思います。同時に、この時期になると、いつもは気にしていなかった何気ない時間が、とても尊い時間に変わってきます。今までの思い出が走馬灯のように思い出されることでしょう。

✦ 1 文集委員・アルバム委員は複数人決めておく

　学校によっては、文集を作成したり、写真を集めてアルバムを作ったりします。その際には、文集委員やアルバム委員を中心に作業していくわけですが、複数人委員を設定しておいたほうがよいと考えます。というのも、**この時期は進路が決まっていない生徒がいたり、学校に気持ちが向いていない生徒が出やすかったりする**からです。複数人で係を決めておけば、作業が進まないという状況は防げるでしょう。

　また、係でなくても、**進路が決まった生徒がいれば助っ人に入ってもらってもよいかもしれません**。この時期は生徒の気持ちも千差万別です。生徒の気持ちを汲みつつ作成していくことを心がけましょう。

✦ 1 写真は必ず全員写っていることをチェック

　写真については、必ず生徒全員が写っているかをチェックする必要があります。**クラスで作成したアルバムなのに自分の写真が1枚もないというのは、非常に寂しいものです**。日頃から写真を撮るということに意識を持ちつつ、生徒たちが個人的に撮っている写真もあると思うので声をかける等して、できるだけ良い素材を集めていきましょう。

January-March #生徒指導

〈3年生〉家庭研修期間の過ごし方

　3年生は卒業に向けていわゆる家庭研修期間に入る場合がほとんどだと思います。受験シーズンにもなるので、生活リズムを整えることが何よりも大事だということを伝えましょう。

✦ | 卒業旅行、SNS、飲酒、喫煙…生活面のトラブルに注意

　受験が終われば、生徒たちは卒業を残すだけになるので、もう終わった気持ちになっている生徒も多いのが実態です。楽しく過ごしたいところでしょうが、十分に注意が必要です。

　例えば、**運転免許を取得した生徒たちの旅行でのトラブルや、飲酒・喫煙などが起こることもあります。トラブルの大きさによっては、就職において内定取り消しなどの措置もあるかもしれません。**

　特に、SNSの使い方を誤ると問題となることもあり、騒ぎも大きくなりがちです。過去にあった事例も併せて生徒に伝え、節度を持った生活を送るように心がけましょう。

✦ | 卒業式が終わっても、3月までは在校生

　身だしなみについても、校則を守らずに、卒業式前などに教員とトラブルになることも多々あります。**3月末までは「在校生」としての扱いになる**ので、学校のルールについても再度確認をしましょう。

　この家庭研修期間に、進学先・就職先などから課題や書類提出などが出されることもあります。特にスケジュールの確認や、手続きの確認などが必要です。生徒によっては、卒業関係で諸々の手続きがあるので、**学校や担任ときちんと連絡が取れるように連絡手段や日時などもしっかりと確認をしましょう。**

January-March

#進路

3年生による合格報告会

　3年生は、受験も終わり一段落している生徒もいれば、まだ進学先が決まらずに頑張っている生徒もいると思います。しかしながら、時間は刻一刻と過ぎ去り、私たち教員も来年のことを見越して動かなくてはなりません。進学先が決まっていない生徒のサポートをしながら、次の学年に「受験とはいったいどういうものなのか」ということを伝えていかなくてはならないのです。

　もちろん、私たち教員が次の学年の生徒を集めて話をしてもよいですが、実際に受験を経験した先輩たちの口から話してもらうと説得力があります。実際にそのような「合格報告会」を行っている学校も多いと思います。

1 合格報告会で話してもらうことと注意すること

　合格報告会では、すでに合格している生徒に、**実際に使っていた参考書や勉強方法、受験校の決め方等を具体的に話してもらいます**。同じ高校で3年間過ごした先輩だからこそ見えているものがあると思います。また、同じ環境にいるからこそ、その言葉が後輩たちに刺さるのです。

　ただ一つだけ約束したいのは「学校や先生の批判をしない」ということです。もし、先輩がそれをしてしまうと、学校や教員の不信感につながり、学習効果も薄れてしまうからです。「そんなこと言わなくても、自分の学校の生徒は大丈夫」と思うかもしれませんが、生徒は進路も決まり、気持ちが高ぶっている状況です。そう考えると何を話すかわかりません。念のために伝えておくことが、大きなトラブルを避けることになります。

January-March

#保護者 #面談

保護者には最後まで誠実に対応する

　1年間、生徒の成長という目的に向かって、保護者と協力してきたことと思います。最後の最後まで誠実に対応していきましょう。

✦│学校の様子を伝えるとともに保護者の話を聞く

　この時期に保護者と面談する際には、これまでの学校の様子や、次年度のことについて話すことになるでしょう。2学期の学校での成績や、模擬試験の結果、学校での様子を丁寧に話します。また、担任が一方的に話をするだけでは、保護者が学校に対して聞きたいことが聞けない場合があります。話すことも大切ですが、生徒の家庭での様子もこちらから聞いてみましょう。

✦│日程調整、時間を守る

　クラスの生徒全員の保護者と面談をするとなると、日程調整が難しい場合があります。場合によっては、10人以上連続で休みなく面談をするというようなこともあるかもしれません。そこで注意することがあります。それは、**時間を守るということ**です。「何をいまさら」と思うかもしれませんが、この時期になると今年度最後の面談ということもあり、保護者との話がいつもより長くなったりします。ひとり3分ずつ長くなったとしたら、最後の保護者は30分遅れてスタートするわけです。保護者の方も忙しいので、できる限り時間を守り、余裕のある面談スケジュールを立てましょう。

January-March　　　　　　　　　　　　　　　　　#学校行事

1年間の振り返りアンケートの実施

　1年間を振り返るためには、この1年間をどのように過ごしてきたのかを記録として残しておくことをおすすめします。振り返りをするために必要な記録は、何をどのようにして記録するとよいでしょうか。

✦ 行事や学期ごとにアンケートで振り返る

　担当学年にもよりますが、この1年間をどのように過ごして取り組んできたかを検証するために、生徒たちの成長を数値として記録することもあります。例えば、行事後や学期ごとにアンケートを実施することも一つの方法です。客観的に把握するには、数値化された情報はわかりやすい資料となります。そして、この数値化されたアンケートをもとにして次年度に向けた計画・立案へと取りかかります。

✦ 生徒の言葉を今後に活かし、教師の成長の糧とする

　また、アンケートでは、選択するものだけでなく、記述する欄も取り入れましょう。生徒の記述したことを取りまとめるのは時間がかかりますが、内容については大切な意見となります。

　このような手法を取り入れていくことが、次年度へのモチベーションとなります。なかなか時間を取るのは難しいと思いますが、自分が行ってきたことや、そのときの生徒の反応を記録しておくと、未来の自分を助けることにつながります。

`January-March` ●● #教務

指導要録のまとめ

　年度末は、生徒指導要録（以下、指導要録）をまとめる時期になります。この1年間の記録を事前にまとめておくとスムーズに取り組めます。

✦ | 生徒指導要録の記入は慎重に

　生徒にとっては、1年間の頑張りを記録として残すとても大切な資料となります。担当する学年によって内容は若干異なりますが、共通する注意事項としては、記載する内容、文言にくれぐれも気を付けて作成するということです。

　特に、学習面や生活面における取組状況のような本人に関する記載については重要です。否定的な文言で記入してしまうと、その後、**進学や就職といった際に使われる調査書等のもとになる資料となり、生徒にとって不利な状況を作り出してしまいます。**

✦ | 生徒自身に取り組んだことを教えてもらう

　そこで、生徒たちに**「あなたたちの大切な記録をまとめるため、1年間で頑張ったことや取り組んだことを真剣に書いてください」**と事前に用紙を渡し、1年間に取り組んだことを書いてもらいましょう。それを参考にしながら、指導要録の作成をするとスムーズです。

　この事前アンケートは、できる限り年明けすぐに取りかかり、指導要録を作成するタイミングまでに情報を整理しておくとよいでしょう。

　ただし、事前アンケートに書かれたことをそのまま指導要録に転記することはおすすめしません。というのは、生徒の記述したものが間違っている場合もあるからです。合格証書等があれば持参してもらい、なければ正式名称等をホームページなどで確認しましょう。

#生徒指導　#教育相談

新年度のクラス編成

　新年度のクラス編成は生徒にとって、次の1年間を大きく左右する可能性があります。友人関係などに不安のある生徒にとっては、大きな悩みの種になります。

✦ | クラス分けをスムーズに進める方法

　クラス分けは、主に教務部が主体となって、選択する科目などを中心に検討することが多いと思いますが、人間関係などでクラスメンバーの入れ替え作業などを進めることも必要になってきます。学年などで計画的に、生徒の在学中（中学校が同じ場合はそれも含む）の人間関係トラブルや、クラスを一緒にしておいたほうがよい組み合わせ、行事で活躍しそうな生徒のバランス、クラスのリーダー的存在など、**クラス編成に影響しそうな項目をまとめて進める**とよいでしょう。

　生徒たちの関係性をわかるようにしておくと今後の引き継ぎもスムーズです。**担任だけでなく、生徒に関係している教員の意見などを取り入れたほうが、生徒たちを多角的に見ることができるので、組織的に進めましょう。**

✦ | 生徒の懸念事項なども確認する

　また時期を見て、**生徒たちにクラス分けについてのアンケートをとることも有効**です。クラス分けに関する不安や事情があり、クラスを別にしてほしい生徒などが具体的にある場合は、些細なことでも記入を促します。

　しかし、当然、全て生徒の希望通りになるわけではありません。どうしても新年度当初は、新しいクラスの悩みが出てきます。**過去の担任など、話ができる教員を中心に個別のケアができるように、準備をしておくことも大切**です。

第 7 章

年度末

The end of the fiscal year

年度末は節目の取り組みを

　3月末に行われる修了式を持って1年間が終わります。しかし、「3学期はゼロ学期」と言われるように、この時期にはすでに次年度に向けてスタートが切られています。

✦ |「節目」として1年間を振り返る

　年度末を迎える時期、生徒たちへの働きかけとして大切なことは、「節目」に向かう取り組みを大切にすることです。具体的には、**学習面や生活面といった学校生活の中で起こってきたことに対して、一つひとつの取り組みを振り返る**ことです。この振り返りを通して、どれだけ自分が精一杯に取り組んできたのか、また何が十分に取り組めなかったのかを考える時間を持たせましょう。

✦ | 教員自身のステップアップにつなげる

　そして、教員も関わってきた生徒たちとの1年間を振り返ることで、次年度に向けた新たな取り組みを考える一つのきっかけとなります。**慌ただしい時期だからこそ、次年度に向けた節目と向き合う**ことで、更なるステップアップへとつながる時間を確保できるとよいと思います。

　この時期は、異動する方もいるために引き継ぎをする時間もとられます（時間がとれず、引き継ぎが全くできないまま異動となってしまうケースもあります）。この時期は特に無理をしすぎることなく、自分自身の健康面にも気を付けていきたいですね。

The end of the fiscal year　　　　　　　　　　　　　　　　#生徒指導

学級通信最終号には何を書くか

　学級通信を発行していると、必ず終わりがやってきます。当たり前といえば当たり前なのですが、ちょっと寂しい感じがしますね。

　学級通信最終号は、涙なしでは発行できないかもしれません。なぜかというと、書こうとする際に、生徒一人ひとりの顔が思い出され、「あんなこともあったなあ」「こんなこともあったなあ」と過去を回顧するからです。今までの学級通信は、伝えなければならないこと、次につなげるようなことを意識して書いていたと思いますが、もう次がないのです。いったいどのようなことを書けばよいでしょうか。

1 学級通信最終号に書く内容の例

　これまで出してきた学級通信の流れがあると思うので、正解は一つではありませんが、例えば、担任自身が高校を卒業し、どのような人生を歩み、そしてどんな気持ちでこの時を迎えているのかということを書くのもおすすめです。生徒の未来に対して、何か一つでも参考になればよいと思います。

　教員と生徒ではあるものの、卒業後は人と人のつながりになります。その最初のスタートのような学級通信になるとよいですね。**高校卒業は終わりではなく、始まりなんだということを強く印象付けて送り出しましょう。**

　なぜか生徒も最終号はしっかり読んでくれるものです。最後は担任自身が書きたいように、伝えたいように書くのが一番よいのではないでしょうか。

> 筆者が生徒だったとき、最終号に担任の先生が書いてくれた言葉は今でもよく覚えています。そのときまでは、しっかり学級通信を読んだことなかったのに、不思議ですよね。卒業となるとさまざまなものが違って見えます。生徒の記憶に残るような言葉をかけてあげたいですね。

第7章　年度末

119

The end of the fiscal year

#保護者 #面談

保護者との最後の面談

　年度末、現在のクラスが終わりを迎え、新しいクラス編成をする時期です。持ち上がりのクラスがある学校もあると思うので、一概には言えませんが、ここでひとまず区切りとなります。

　学校によっては、年度が変わるこのタイミングで三者面談を実施し、そこで保護者とも最後の挨拶となるケースも多いと思います。この面談では保護者に何を伝えればよいでしょうか。

✦ | 感謝の気持ちと労いを伝える

　1・2年生の場合は、進路選択によって、文系クラス・理系クラスに分かれる場合もあるでしょうし、選択科目の確認等もあるかもしれません。**ご家庭の状況や、現在悩んでいることなど、来年度に向けて話を聞きましょう**。生徒本人もですが、保護者も不安があるものです。

　また、1年間関わって来た保護者ですので、感謝の気持ちを伝えることも必要です。この1年、さまざまな部分で協力してもらったはずです。**それに対する労いの言葉を伝えましょう**。

　3年生になると、生徒が卒業を迎えるので保護者とも会うことはなくなります。さびしくなりますが、卒業式の際に保護者に対しては、「3年間お疲れさまでした」と伝えましょう。きっと保護者からも「先生、今までありがとうございました」という言葉をいただくことと思います。**保護者もまた、同じ気持ちを抱いている**ものです。

The end of the fiscal year

#保護者

PTAクラス役員へのお礼

　昨今では、学校・家庭ともに多忙化が進み、PTAの在り方を見直したり、PTAは不要だという議論さえあります。ここでは、その議論はひとまず置いておき、実際PTAのクラス役員になってくれた保護者への感謝の気持ちを伝えるにはどうしたらよいのか考えていきましょう。

✦ 年間を通して気持ちよく学校に関われるように調整する

　そもそも論ではありますが、PTA役員をしてくださる保護者の方は、見返りを求めているわけではありません。役員になったからといって報酬が出るわけではありませんし、何か特別な優遇があるわけではないのがほとんどでしょう。ですので、「クラス役員になってくれたから」と何か高価なプレゼントを渡したりする必要はないと思います。

　ただ、忙しい中、学校の教育活動に積極的に関わってくれた方には感謝の気持ちが湧きます。まずは、**年間を通して、役員の方が気持ちよく学校に関わることができるように調整し、「役員をやってよかった」と思ってもらうことが重要**です。

✦ 感謝の気持ちを言葉や手紙で伝える

　その後、**任期がきたら「本当にありがとうございました」と感謝の言葉や手紙を渡すと**、喜ばれるのではないでしょうか。学校によっては、プチギフトを渡すところもあると聞きます。その場合は、慣例に従って渡してもよいと思います。教員と保護者が一緒になって生徒の成長をサポートする関係性があり、それが持続するような工夫ができるとよいですね。

The end of the fiscal year

最後の教室の片付け

　1年間使用したHR教室を片付ける際には、「最初に引き継いだときよりもきれいにして返す」ことが大切です。

✦ | 隅々まで丁寧に片付けて教室を明け渡す

　1年間経過しているのだから、引き継いだときよりもきれいにして返すなんて不可能だ、と思われるかもしれませんが、そういうことではありません。**経年劣化は仕方がないとしても、隅々まで丁寧に片付けて明け渡したい**ということです。教室の中で言えば、出席番号のシールを剥がすとか、生徒のロッカーの中にゴミが一つもないとか、黒板消しのフィルターまで掃除してあるとかそういうことです。

✦ | 生徒がいるうちに一緒に掃除しておく

　そんなの当たり前だと思う方も多いと思いますが、年度末、年度初めは本当に忙しいので、「HR教室の片付けまで意識が回らない」という先生もいます。しかし、次に入るクラスのことを考えると、ここはしっかりときれいにしておきたいところです。なぜなら、次年度その教室に入る生徒が一番最初にすることが自分のロッカーの掃除なんて悲しすぎるからです。次のクラス担任も同様です。掲示物をどのような位置に貼ろうか、教卓の中には筆記用具を入れておこうなど、新鮮な気持ちで教室に入ってくるはずです。その先生が、前年度の掲示物を剥がしたり、掃除をするというのは非常に心苦しいです。

　ここは、前年度の担当としてしっかりと掃除をしておきましょう。**ひとりで難しいようであるなら、生徒がいるうちに一緒に大掃除をしてしまうのもよい**と思います。

次年度の計画を考える

　年度末になると、次年度の準備を始めなければなりません。次年度は、どの科目を担当するのか、担任はどの学年か、部活動は何部の顧問なのか等々、さまざまな仕事が割り振られることでしょう。その割り振られた仕事に対して、自分にはどのような仕事があるのか、今どんな準備ができそうか考えておく必要があります。

✦ | 4月に入ると大忙しになる

　この年度末の時期に準備をしておかないと、新年度が始まって非常に苦労します。というのは、4月になれば、新しく赴任してきた教員からさまざまな質問を受けるからです。トイレの位置だったり、鍵の場所だったりと残留している教員なら誰でもわかるようなことですが、同時に始業式の準備や入学式の準備をするので4月当初は大忙しなわけです。ですので、**忙しくなる前の3月にある程度しっかり準備をして、次年度のイメージをふくらませておきましょう。**

✦ | 仮でよいので計画を立てておき、臨機応変に対応する

　例えば、「授業ではこのツールを使って生徒の資質・能力を高めたい」とか、「クラスのルールはこんな感じにしたい」とか、「部活動ではこの用具を購入してこんな練習をしたい」などです。状況によっては、年度途中で変更があるかもしれません。それでもよいのです。臨機応変に対応していくことを前提に、まずは次年度の計画を立ててみましょう。

> The end of the fiscal year

新年度に向けて気持ちを切り替える

　修了式の後は、すぐに次年度に向けた取り組みを進めていかなくてはなりません。学校や地域によっても異なりますが、新年度を迎えるにあたって、必要なことと見直ししていかなくてはならないことを分類して進めていきましょう。

1 気持ちを切り替え、新たな気持ちで新年度を

　年度末は、普段の仕事以上にさまざまな事柄があり、なかなか落ち着くことはできません。誰しもが落ち着きがない状況の中で、新年度を迎える準備を進めていかなくてはならないのです。

　このような状況であったとしても、「来年度こそは、これを頑張ろう！」「これだけは、最後までやり切っていこう！」と気持ちを切り替えて、新たな思いで取り組みましょう。

　生徒に対しても一度、振り返りができる時間を作ってあげましょう。教員も生徒も一緒に新年度に向けて新たなスタートを切れる準備を着々と進めていきましょう。

2 頑張るけど頑張りすぎない

　新年度になると、やりたいことが何でもできる気がしてしまいます。しかし、新年度が始まるとそううまくはいかないものです。頑張ることは大切ですが、頑張りすぎないようにしましょう。ここから１年間また長い学校生活が始まるのです。自分のペースで体にも十分気を付けながら、生徒と楽しく笑顔で教員を続けていきましょう。

教育実習生との関わり

　学校の事情にもよると思いますが、現場経験の年数に関係なく、輪番等で教育実習を受け持つことがあります。「自分のことで精いっぱいなのに……」と不安になる人もいるかもしれません。または、「しっかり学校現場の厳しさを教えないといけない」と考える人もいるでしょうか。どのような気持ちを持っていようとも、これから教員を目指す学生に、何を伝える必要があるのかを意識しながら、指導していきましょう。

教育実習生は、未来の同僚

　教育実習生は、将来私たちの同僚になるかもしれない仲間と言えます。短期間とはいえ、一緒に教育活動を行う仲間、共に学び合う仲間として、リスペクトを忘れずに接することが大事です。現場の厳しさを伝えることも大事ではありますが、実習生相手にマウントを取るなどの行為は厳禁です。

　実習生は年齢的に生徒たちにも近く、生徒の良き相談相手、そして学校に新しい風をもたらしてくれる存在になることが多いです。また、キャリア教育の文脈においても、高校生活の過ごし方、進路選択の経緯などを話してもらうことも、とても有効です。LHRなどの場面で、実習生に対してのインタビューの時間を実施するのもよいと思います。

生徒との年齢が近いため、影響力も大きい

　教育実習生は、生徒に対する影響力が大きいため、事前指導などの徹底が不可欠です。安易な発言で、これまでの学校の教育活動に不都合な結果になってしまうこともあり得ます。具体的な例などを明示しながら、生徒と接する際の言動や守秘義務など、教育活動に携わる上での注意事項は丁寧に説明し、理解を求めましょう。

　また、実習が始まる前に、ある程度準備するように促しましょう。実習期間からのスタートでは、負担も大きくなります。実習生は無理しがちなので、配慮しながら、燃え尽きないように適宜サポートしていきましょう。指導の際には、実習生の教育への想いを尊重しながら、誠実に時間をかけて丁寧に向き合い、共に進んでいけるとよいですね。

おわりに ‥

読者の皆様へ

　ここまでお読みいただき、チームSMASH一同、心より感謝申し上げます。

　実は本書を含めて3冊（『高校教師のための生徒指導・教育相談』『高校教師のための進路指導・就職支援』）を同時刊行した背景には、昨年度連載していたWeb Gakujiの「Web月刊ホームルーム」が起点になっています。

担任という仕事

　「担任は大変だしやりたくない」という方もいるでしょうか。私はというと実は「やりたい」と思っています。担任は、教科担当者や分掌主任と比較すると「人と人の感情の往還」をする場面が多いからです。（人が好きというのが根底にあるのかもしれません）。学校の実情や立場によって担任ができないこともあります。「担任をやってくれないか」と打診があるときは、引き受けるタイミングなのかもしれません。担任業から数年離れた私が今感じていることです。

最後に

　本書を出版するにあたり、チームSMASHの先生方はもちろんのこと、学事出版の皆さまには大変お世話になりました。特に編集者の戸田幸子さんには、チームの一員としてお声がけいただいたこと、そして執筆中には複数いる執筆者に対して丁寧に声をかけていただき、個々の事情に合わせ配慮してくださったことなど、感謝の言葉しかありません。本当にありがとうございました。

　本書が、他の教育者の方々や、全国の教育活動に少しでも役に立つことがあれば、チームSMASH一同、これほど嬉しいことはありません。

チームSMASHを代表して

浅見和寿

執筆・チームSMASH

現役高校教師による、研究・実践チーム。安心して過ごせる学級・ホームルームづくりを中心に、生徒指導・支援や進路指導・就職支援など、高校教師が生徒に行うサポートについて日々研究と実践を重ねる。全国各地から公立私立を問わず集まり、オンラインを中心に情報共有や発信を行っている。

〈執筆者〉 ○は編著者 ※五十音順・所属は執筆当時
○浅見和寿　埼玉県立朝霞高等学校
　佐藤革馬　札幌新陽高等学校
　鈴木智博　大垣日本大学高等学校
　逸見峻介　埼玉県立新座高等学校
　峯岸久枝　東京都立武蔵高等学校・附属中学校
　宮﨑亮太　私立中学・高等学校

Web月刊ホームルーム
チームSMASH連載
「安心できるホームルームづくり」（全12回）

高校教師のための学級経営・学習支援

2025年3月21日　初版第1刷発行
著　者　チームSMASH
編著者　浅見和寿
発行者　鈴木宣昭
発行所　学事出版株式会社　〒101-0051 東京都千代田区神田神保町1-2-5
　　　　電話　03-3518-9655（代表）　https://www.gakuji.co.jp

編集担当　戸田幸子　　　編集協力　町田春菜・酒井昌子
本文デザイン・組版　株式会社明昌堂　　装丁デザイン　相羽裕太（株式会社明昌堂）
印刷・製本　精文堂印刷株式会社

©Team SMASH, 2025 Printed in Japan
ISBN 978-4-7619-3049-3 C3037
落丁・乱丁本はお取替えいたします。

本書の全部または全部を無断で複写（コピー）することは、著作権法上での例外を除き禁じられています。

シリーズ好評発売中！

高校教師になったら身に付けておきたい実務について、
経験豊富な先輩教師がわかりやすく解説・サポート

- 学級びらき、席替え、面談、保護者との関わり方から、担任が行う進路指導まで、1年間を7つの時期に分けて解説！

- 生徒指導上これだけは知っておきたい事柄からさまざまなトラブル対応まで、1年間を7つの時期に分けて解説！

- 1年生／2年生／3年生の段階ごとに区切り、各学年の進路指導ガイダンスの仕方などについて、テーマ別に掲載！

チームSMASH 著
A5判　各128頁
本体 **2,000** 円+税

詳しくは「学事出版」ホームページをご覧ください。ご注文もできます。
https://www.gakuji.co.jp　TEL 03-3518-9016　東京都千代田区神田神保町1-2-5　和栗ハトヤビル3F